Guilherme Morbey

Datenqualität für Entscheider in Unternehmen

D1721326

GABLER RESEARCH

Guilherme Morbey

Datenqualität für Entscheider in Unternehmen

Ein Dialog zwischen einem Unternehmenslenker und einem DQ-Experten

GABLER

RESEARCH

Bibliografische Information der Deutschen Nationalbibliothek
Die Deutsche Nationalbibliothek verzeichnet diese Publikation in der
Deutschen Nationalbibliografie; detaillierte bibliografische Daten sind im Internet über
<http://dnb.d-nb.de> abrufbar.

1. Auflage 2011

Alle Rechte vorbehalten
© Gabler Verlag | Springer Fachmedien Wiesbaden GmbH 2011

Lektorat: Stefanie Brich | Stefanie Loyal

Gabler Verlag ist eine Marke von Springer Fachmedien.
Springer Fachmedien ist Teil der Fachverlagsgruppe Springer Science+Business Media.
www.gabler.de

Umschlaggestaltung: KünkelLopka Medienentwicklung, Heidelberg
Gedruckt auf säurefreiem und chlorfrei gebleichtem Papier
Printed in Germany

ISBN 978-3-8349-3054-5

Für alle,
die mich als Berater kennenlernten
und heute meine Freunde sind.

Danke!

Vorwort

Lassen Sie sich von Guilherme Morbey auf seine interessante Reise zur Datenqualität nehmen. In einem fiktiven Gespräch, das so oder so ähnlich stattfinden könnte oder sogar stattgefunden hat, eines Beraters mit einem Vorstand erfahren Sie, worauf es in der Datenqualität und im Management derselben ankommt.

Genauso unterhaltsam wie konsequent erfahren Sie wie Datenqualität auf technisch gesicherter Basis die Geschäftsziele eines Unternehmens unterstützt. Hierbei wird deutlich, dass Datenqualität des Weiteren mittlerweile ein nicht mehr verzichtbares Muss ist. Und dies nicht nur, weil regulatorische Anforderungen bezüglich Datenqualität zunehmend auf der Agenda stehen.

Guilherme Morbey zeigt auf, was Datenqualität ist, wie diese gemessen wird und auch in welchen Dimensionen dies sinnvollerweise geschieht, wie sich Datenqualitäts-Messungen in bestehende Kontrollmechanismen einbettet und wie sich das ganze in den Unternehmenskontext einbettet. Daneben ist ihm allerdings auch wichtig, dass Datenqualität nicht nur gemessen, sondern auch nebst der dazugehörenden Prozesse und Aufbauorganisation gemanaged wird. Es versteht sich fast von selbst, dass dies in traditionellen Unternehmen nicht immer ohne Friktionen mit den alteingesessenen Vorgehensweisen geschehen kann. Der Blick auf Erfolgsfaktoren rundet die Diskussion ab.

Dr. Marcus Gebauer
Deutsche Gesellschaft für Informations-
und Datenqualität (DGIQ e.V.)

Inhaltsverzeichnis

Abbildungs- und Tabellenverzeichnis

Prolog

Stellen Sie sich vor: Sie sind Entscheider und möchten verstehen, was Datenqualität (DQ) oder Datenqualitäts-Management (DQM) ist. Sie möchten wissen, ob es sich lohnt, Aktivitäten in diese Richtung zu unterstützen und was die wesentlichen Erfolgsfaktoren für den Betrieb sind. Nachdem die Versuche, dieses Thema anhand von ein paar Folien oder Sitzungen abzuhandeln, sehr unbefriedigend verliefen, hoffen Sie nun – wie auch ich –, dass die Lektüre dieser Ausarbeitung Sie weiterbringt.

Um die trockene Materie leichter lesbar und lebendiger zu gestalten, werden wesentliche Informationsinhalte in Form eines fiktiven Dialogs zwischen einem Unternehmenslenker und einem externen Berater präsentiert. Mit Fragen, Einwänden und Bedenken, wie sie DQ-Beratern in der Praxis tatsächlich oft begegnen.

Die Situation: Seit einigen Monaten wird bei einem Finanzdienstleistungsunternehmen kontrovers über den Sinn von Datenqualität diskutiert, über die Zuständigkeit sowie darüber, ob, wann, wie und mit welcher Intensität das Thema angegangen werden sollte. Die Data-Warehouse- bzw. Business-Intelligence-Abteilung hat in der Vergangenheit mehrfach versucht, ein in Richtung DQ gehendes Projekt ins Leben zu rufen, aber das Thema musste regelmäßig anderen dringenderen und wichtigeren Vorhaben weichen. Auch jetzt ist es nicht gerade so, dass man Zeit oder Lust hätte, sich mit dieser DQ-Sache zu beschäftigen, zumal sie nicht für mehr Abschlüsse oder unmittelbar konkrete Kostenreduzierung sorgt. Allerdings mischen sich zum jetzigen Zeitpunkt Aufsichtsbehörden auf Landes- und Europa-Ebene ein und reden über „Aussagen zur Datenqualität", die sie demnächst einfordern wollen. Neben den Panikmachern und notorischen Besserwissern steht die abwiegelnde „Alles-halb-so-wild-Fraktion", die sagt, es handele sich nur um einen von Externen propagierten Aktionismus, um alten Wein in neue Schläuche zu gießen, und dass man ruhig alles beim Alten lassen könne.

Einen der Vorstände beschleicht das diffuse Gefühl, dass die bisher involvierten Unternehmensbereiche das Thema eventuell nicht in seiner ganzen Tiefe erfasst und wegen all der anderen parallel laufenden wichtigen Projekte nichts damit zu tun haben wollten. Es ist längst Zeit für ein ausführliches Gespräch mit seinem Freund und externen Berater, einem erfahrenen Projektmanager. Der Berater ist dafür bekannt, dass er Aufgaben äußerst sachlich und neutral anpackt. Trotz seiner exakten und nüchternen Herangehensweise verbreitet er keineswegs trockenen Buchhaltercharme. Vielmehr infiziert er sein Umfeld mit seiner Begeisterungsfähigkeit, nimmt es für das gemeinsame Anliegen ein und verteidigt mit südländisch anmutender temperamentvoller Art Konzepte und Projekte.

Der Vorstand, von dem hier die Rede ist, hat in der Vergangenheit einige erfolgreiche IT-Vorhaben vorangetrieben, kommt aber fachlich von der betriebswirtschaftlichen Schiene. Aus seinem Kollegenkreis erfährt er, dass die Expertise seines Freundes zum Thema DQ in letzter Zeit zunehmend von Spezialisten und Managern gesucht wird. Er beschließt, ihn zu kontaktieren, und hofft, dass bei der gemeinsamen Unterredung das technische Kauderwelsch nicht überwiegen wird.

Seine Sekretärin arrangiert für beide einen späten Nachmittagstermin mit Open End und einen Tisch in einem Restaurant, in dem sie früher häufig zusammensaßen.

1 Datenqualität allgemein

Zum verabredeten Termin treffen sich die beiden zunächst in den Arbeitsräumen des Vorstands. Es sei der Phantasie des Lesers überlassen, sich das gepflegte Ambiente und die Begrüßungsrituale der zwei alten Freunde auszumalen. Beide kommen schnell zur Sache.

Der Berater beginnt den Dialog mit einem Vergleich.[1]

> Bevor wir uns dem Thema Datenqualität (DQ) zuwenden, möchte ich gerne einen Vergleich zwischen Daten und Wasser anstellen. Das half mir und meinen bisherigen Kunden in vielen Situationen, einige Zusammenhänge besser zu verstehen.

1.1 Daten sind das Wasser der Informationswelt

> Daten in der Informationswelt sind dem Wasser vergleichbar, das wir im täglichen Leben brauchen. In beiden Welten spricht man von Quellen, Versorgungswegen, Filtern, Aufbereitungsanlagen, Besitzern und Verbrauchern. In Wasserversorgungswerken treffen wir u. a. auf Ingenieure, die sich um den Transport des nassen Guts kümmern, um Kanalisierung, Pools, Wasserdruck, -stände und Fließgeschwindigkeiten. Beim Thema Sicherheit achten sie insbesondere darauf, dass keine unerlaubten Zu- oder Abflüsse stattfinden.

> Dieses Bild wird noch vollständiger, wenn wir die Wasserqualitätskontrolleure einbeziehen. Sie schlagen Alarm, wenn bei ihren Mes-

---

[1] Nachfolgend ist der Part des Beraters generell eingerückt. Diskussionsbeiträge oder Fragen des Vorstands stehen linksbündig.

sungen an bestimmten Stellen die vereinbarten Wasserqualitätsstandards nicht erreicht werden.

1.2   Datenqualität (Definition)

O.k., der Vergleich hat es in sich, lass uns nun konkreter werden. Was ist Datenqualität?

Datenqualität bezeichnet den Erfüllungsgrad der Gesamtheit der Anforderungen an die für einen bestimmten Zweck benötigten Daten.

Das impliziert, dass man nachvollziehbare Aussagen über die Qualität der Daten erst dann tätigen kann, wenn zweckgebundene Anforderungen an die Daten formuliert sind und deren Erfüllung systematisch nachweisbar ist!

Du wirst mir im Verlauf unseres Gesprächs bestimmt noch erläutern, wie lange Du für die griffige, knappe Definition gebraucht hast! Schreib sie mir bitte auf, damit ich sie mir bei Gelegenheit nochmals durch den Kopf gehen lasse. Sie mag ja stimmen, aber ...

1.3   Wir tun schon viel für die Datenqualität!

Mit unseren Investitionen in Standard-Anwendungen, in die Programmierung von Millionen von Plausibilitätsprüfungen in der Anwendungsentwicklung, in Prozesssicherheit beim Datentransport (ETL-Programmierung[2]), Betriebssicherheit nach internationalen Standards, Organisationshandbücher, Arbeitsgruppen für die Standardisierung von zentralen Datenelementen, Schulungen und Arbeitsanweisungen ist doch schon sehr viel getan für die Datenqualität, oder? Ist wirklich noch mehr nötig?

---

[2] ETL = Extract Transform and Load

Alles, was Du anführst, sind zweifellos wesentliche Beiträge zur Datenqualität. Sie dienen in erster Linie dem Funktionieren des gesamten Systems. Wenn wir beim Vergleich mit der Wasserversorgung bleiben, dann habt Ihr eine funktionierende Infrastruktur mit mehreren Wasserquellen, gut ausgebaute Wasserwege und funktionierende Filteranlagen. Aber kommt Ihr tatsächlich ohne Chemiker und Wasserqualitätsprüfungen aus?

Was ist mit den externen Wirtschaftsprüfern, der internen Revision, dem Riskmanager? Wir beschäftigen viele Leute und führen vielfältige Querchecks durch.

Tatsächlich handelt es sich hier um eine hochqualifizierte Gruppe von Spezialisten, die sehr viel über Daten wissen, insbesondere über aggregierte Finanzdaten. Die Daten werden in vielerlei Hinsicht interpretiert und korrigiert (Korrekturbuchungen), bis sie an einem bestimmten Stichtag ein akzeptables harmonisches Gesamtbild für einen bestimmten Zweck ergeben. Damit sind die anstrengenden datenbezogenen Anteile des Jobs erledigt. Diese Prozeduren wiederholen sich in regelmäßigen Abständen, ohne dass sich der Zustand der Datenqualität im Unternehmen verändern muss! Die „gefühlte Datenqualität" wird meist als gut bezeichnet oder geringfügig verbesserungswürdig. Mehr als die „gefühlte Datenqualität" kann jedoch nicht vorgewiesen werden. Denn es fehlen fundierte Datenqualitäts-Aussagen für die Auswertungen in regelmäßigen zeitlichen Abständen nach vordefinierten Kriterien sowie eigentlich notwendige Aufzeichnungen der Abweichungen.

Wir verstehen nicht so recht, was DQ bringen soll. Wenn eine signifikante Datendiskrepanz in einem Bericht oder einer Tabelle festgestellt wird, geht man dem auf den Grund. Entweder wurde etwas falsch berechnet, die verarbeiteten Daten waren ursprünglich bereits falsch oder es gab ein sonstiges Vorkommnis. Danach werden die Berechnungen korrigiert, neue Daten geladen oder eine zu protokollierende Korrekturbuchung eingegeben. So wird das immer bleiben, oder?

Ja und es ist gut, diese Möglichkeiten in Ausnahmefällen zu nutzen. Was sich allerdings mit einem funktionierenden DQ-System verändern wird: DQ-Mängel werden nicht mehr zufällig entdeckt, sondern maschinell, so früh wie möglich sowie nahe an der verursachenden Stelle, wo sie dann auch innerhalb einer vertretbaren Frist behoben werden. Damit werden im Fehlerfall so wenige Personen wie möglich involviert. Mängel werden frühzeitig und effektiv behoben, die Konsistenz der Daten ist über Bereichsgrenzen hinweg gewährleistet und ein Großteil der Korrekturbuchungen entfällt. Wäre das für ein großes Unternehmen nicht von Vorteil?

Die eingebauten Plausibilitätsprüfungen bei der Eingabe und die Prüfungen in den Übergabeschnittstellen sorgen doch schon für konsistente Daten, nicht wahr?

Wie Erfahrungen aus Datenanalysen zeigen, ist auf diese Annahme, diplomatisch ausgedrückt, leider nicht immer Verlass. Darauf gibt es auch ohne systematische Analysen vielfältige Hinweise, z. B. aus Migrationsprojekten, aus den Eingangsschnittstellen für Data-Warehouse-Systeme sowie aus der Erstellung von Controllingberichten.

1.4   Nutzen

Welchen Nutzen bringen uns Aussagen zur Datenqualität?

1. Für den Personenkreis, der die Eingabe von Daten verantwortet, liefern DQ-Aussagen einerseits einen statistischen Wert, der für den Qualitätslevel der Daten steht, und andererseits detaillierte Information zu Datensätzen, die den vordefinierten Anforderungen widersprechen. Diese können dann von den Sachbearbeitern gezielt korrigiert werden.

   Nach einer initialen Datenanalyse wird man sich prinzipiell auf die Überwachung von Datenmängeln konzentrieren, die von den bisherigen Plausibilitätsprüfungen in der Anwendung nicht abgefangen werden.

Diese Funktionalität ist meines Erachtens bisher nicht Bestandteil betriebswirtschaftlicher Softwarelösungen.

2. Weniger DQ-Mängel bedeuten weniger Sand im Getriebe für die Zusammenarbeit in einem Unternehmen. Gute DQ wirkt sich positiv auf alle Geschäftsprozesse und Geschäftsbereiche aus. Sie sorgt auf jeden Fall für eine sicherere Datenbasis bei Unternehmensentscheidungen und weniger Arbeit mit späteren Datenkorrekturen.

3. Liegen Angaben zur Datenqualität vor, haben die verschiedenen Nutzerkreise wie Management, interne Datennutzer, Kunden, Investoren, Rankingagenturen und Aufsichtsbehörden eine fundierte Information darüber an der Hand, inwieweit sie den auf den benutzten Daten basierenden Aussagen trauen können. Angaben zur Datenqualität sind damit für den internen Gebrauch und die externe Darstellung eines Unternehmens ein Vertrauenssignal von unschätzbarem Wert.

Nun eine Rückfrage: Angenommen, Du hättest die Chance, zwischen zwei gleichwertigen gut etablierten Wasserversorgern zu wählen. Beide beziehen ihr Wasser aus jeweils ca. 400 km entfernten Quellen. Es wird versichert, dass die Wasserqualität bei beiden Anbietern gut sei. Einer kann dies sogar mit chemischen Analysen nachweisen und verfügt über ein Netz von Qualitätskontrollen entlang des Wasserversorgungswegs. Der andere verweist auf seine lange Tradition, die hohe Zahl seiner Abnehmer, und im Übrigen sei ja bislang nichts vorgekommen. Auf eine Frage nach der chemischen Überprüfung der Wasserqualität antwortet er, dass es bislang nie zu Beschwerden kam und keine Notwendigkeit für derartige Prüfungen bestand. Für welchen der Anbieter würdest Du Dich entscheiden?

Du erwartest sicher keine Antwort. Lässt sich der Nutzen auch quantifizieren?

Durchaus ja. Vor Beginn eines Projekts ist er aber äußerst schwierig zu berechnen, denn es fehlt vor allem an Inhouse-Erfahrungen und Referenzwerten aus Benchmarks. Die Ergebnisse waren bisher sehr ernüchternd oder auch nichtssagend. Wird bei einem DQ-Projekt von Anfang an mit einer DQ-Auftrags-Datenbank gearbeitet, kann jedoch nach einer Anlaufzeit regelmäßig über den Nutzen, d. h. Aufwand vs. potentielle Schäden von DQ-Mängeln, berichtet werden. Damit lässt sich dann unter anderem auch die aktuell benötigte Größe eines DQ-Teams besser bestimmen.

Das finde ich ausgezeichnet. Lass uns eine Pause einlegen und essen gehen. Im Lokal setzen wird dann das Gespräch fort.

1.5   Datenqualitäts-Anforderungen

So wie ich Deine Datenqualitäts-Definition verstanden habe, muss man zuerst Anforderungen an die Datenqualität stellen und sie dann – wie auch immer – messen. In diesem Zusammenhang tauchen immer wieder die Begriffe DQ-Anforderungen, DQ-Kriterien und DQ-Regeln auf. Für mich klingt alles ähnlich. Kannst Du mir auf die Sprünge helfen?

Datenqualitäts-Anforderung ist der Oberbegriff für die Erwartung an die Qualität eines bestimmten Informationsobjekts (z. B. Datenbank, Tabelle, Datei, Feld). Diese Qualitätserwartung lässt sich in verschiedene allgemeine DQ-Kriterien aufsplitten (wie z. B. Aktualität und Vollständigkeit). Anhand objektspezifischer und zweckgebundener DQ-Regeln (auch Business-Regeln genannt) wird überprüft, inwieweit ein Kriterium erfüllt ist.

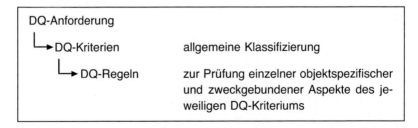

Sowohl für die DQ-Regeln als auch für die DQ-Kriterien gelten DQ-Ziele, Schwellenwerte für einen Ampelstatus und Gewichtungen für die Aggregation von Ergebnissen.

Als DQ-Merkmal bezeichnet man entweder eine angewandte DQ-Regel oder ein DQ-Kriterium.

Braucht man wirklich alle diese Unterteilungen?

Ja, spätestens dann, wenn man es mit vielen DQ-Regeln zu tun hat und wenn man einen DQ-Bericht bzw. DQ-Aussagen allgemein gestalten möchte. Damit ist es z. B. möglich, alle Prüfergebnisse mehrerer DQ-Regeln zur Vollständigkeit zu aggregieren und eine Gesamtaussage zur Vollständigkeit zu tätigen.

1.6 Datenqualitäts-Aussage

Wie sieht eine Datenqualitäts-Aussage aus?

DQ-Aussagen zu einem bestimmten Informationsobjekt (Datei, Tabelle, Datenbank) drücken prozentual aus, inwieweit festgelegte Anforderungen an die Datenqualität erfüllt sind. Für die Aussagekraft des errechneten Prozentsatzes ist es wichtig, Vergleiche mit festgelegten Referenzwerten und, so weit möglich, mit früheren Ergebnissen anzustellen, wie z. B.:

```
1. Zusammenfassung:
   Informationsobjekt          Tabelle 4711
   Datum                       tt.mm.20jj
   DQ-Index                    85%
   DQ-Status                   grün
   DQ-Tendenz                  steigend
   DQ-Ziel                     89%
   Vorhergehende Ergebnisse:   82% (vor 1 Woche)
                               90% (vor 1 Monat)
```

Schwellenwerte

Grün	Gelb	Rot
≧85%	≧83% und <85%	<83%

2. Absolute Werte:
   Anzahl der untersuchten Datensätze: 1,2 Mio.
   Anzahl der Datensätze mit DQ-Mängeln: 40.000
   Anzahl kritischer DQ-Datenmängel: 100.000

3. Detailinformationen
   Hier werden die Ergebnisse der DQ-Prüfung auf der Ebene von
   DQ-Kriterien und zugeordneten DQ-Regeln aufgelistet.

   (1–n) DQ-Kriterium, aktueller Index, Zielvorgabe, Status, Gewich-
        tung, vorherige Ergebnisse

        (1–n) DQ-Regel, aktueller Index, Zielvorgabe, Status, Ge-
             wichtung, vorherige Ergebnisse

        ggf. Drill-Down zu Datensätzen mit DQ-Mängeln

So detailliert habe ich das bisher bei uns im Unternehmen noch nicht gesehen. Bevor wir weiter in die Thematik eintauchen, fass doch bitte die wesentlichen Aussagen zusammen, die bei mir ankommen sollen:

Es gibt keine DQ-Aussagen ohne DQ-Messungen und auch hier gilt: **"if you can't measure it, you can't manage it!"**[3]

Glaubwürdigkeit, Verlässlichkeit und Vertrauenswürdigkeit sind die Hauptargumente für Aussagen zur Datenqualität.

Inwiefern sollten wir glaubwürdiger sein, wenn wir Aussagen zur Daten-qualität besitzen? Ist das nicht nur eine Marketingfloskel der Beraterzunft?

---

[3] Dieser bekannte Ausspruch wird gleichermaßen Peter F. Drucker, US-amerikanischer Ökonom, und Robert S. Kaplan, Erfinder der Balanced Scorecard, zugeordnet.

Es kommt sicherlich auf die Aussage an und darauf, auf welcher Grundlage sie basiert. Vielleicht ist eine kleine Episode aus dem DQ-Berateralltag hilfreich:

Ich wurde von einem Manager gebeten, anhand eines Berichts mit risikorelevanten Kennzahlen in der Größenordnung eines zweistelligen Milliarden-Euro-Betrags zu verdeutlichen, was DQ bewirkt. Also tippte ich im Bericht auf eine beliebige Kennzahl X und fragte, wie sie zustande kommt. Er erklärte einiges, konnte aber auf Anhieb keine Dokumentation für diese wichtige und beträchtlich hohe Kennzahl vorweisen. Mit einem funktionierenden DQ-Betrieb für regulatorische Bedarfe wäre das eine ausgesprochen leichte Übung.

Ich fragte weiter, woher er die Sicherheit nimmt, dass die Kennzahl X korrekt vorliegt. Er berichtete, diese Summe aus einem dispositiven System würde mit der Addition anderer Zwischensummen aus den operativen Systemen abgeglichen. Gibt es keine Abweichungen, so sei die errechnete Summe korrekt. Mit einem ungläubigen Lächeln fragte ich, ob es überhaupt jemals vorkomme, dass keine Abweichungen resultieren, und ob auftretende Abweichungen protokolliert würden. Der Manager erklärte, Abweichungen dürften nicht sein, daher würde so lange abgeglichen, bis es keine Differenzen mehr gebe. Protokolle über diesen Vorgang gebe es im Übrigen nicht. Wäre ich der Prüfer einer Aufsichtsbehörde, ließ ich den Manager wissen, würde ich an dieser Stelle die Prüfung beenden und gehen!

Erst auf mein Nachhaken, dass es aus meiner Erfahrung in der Regel immer Abweichungen zwischen operativen und dispositiven Systemen gebe, räumte er ein, dass seit jeher mit protokollierten Ausgleichsbuchungen gearbeitet würde, Ausgleichsbuchungen, die dreistellige Millionenhöhe erreichen.

Die Korrekturen würden nicht automatisch offengelegt, weil man ansonsten die Qualität der Ausgangsdaten unnötig in Zweifel ziehen könne!

DQ gibt mit Indexzahlen Auskunft über die Güte relevanter Kenngrößen. Der Prüfer würde beispielsweise auf Anhieb erkennen, dass
die Kennzahl X vollständig ist, wenn die Abweichungen bei system-
übergreifendem Abgleichen unter einem vorher definierten Schwel-
lenwert liegen. Es wird ihm detailliert berichtet, wie bei größeren
Abweichungen im Hause verfahren wird. Ferner kann er die Ergebnisse der Abweichungen von jedem Abgleich in einer graphischen
Aufbereitung verfolgen.

Hätte der Manager aus dieser Episode auf DQ-Ergebnisse zurückgreifen können, wäre er weniger in Erklärungsnot geraten und hätte
wohl souveräner reagiert.

Glaubwürdigkeit, Verlässlichkeit und Vertrauenswürdigkeit werden
mit den DQ-Ergebnissen eindeutig ein Stück weit objektiviert und
sind garantiert keine bloßen Beraterfloskeln.

*Gut, Du hast mich überzeugt. Bei uns im Haus gibt es vergleichbare Vor-
gänge und es wäre zu begrüßen, wenn sich die Objektivität erhöhen ließe.*

*Gehen wir weiter im Programm und sehen wir uns an, welche organisa-
torischen Voraussetzungen gegeben sein müssen, um DQ professionell zu
betreiben. Ich würde gerne auf die DQ-Kriterien zurückkommen.*

2 Organisatorische Voraussetzungen

Sag mal: Von wie vielen Datenqualitäts-Kriterien reden wir eigentlich?

2.1 Datenqualitäts-Kriterien (7+2)

Vor einiger Zeit haben wir 45 DQ-Kriterien recherchiert. Wichtig erschien uns, wie sie zu überprüfen sind, und fanden folgende sechs essentielle Prüfmethoden heraus:

- Prüfmethoden, die durch die fachlichen Abnahmen abgedeckt sein dürften (z. B. Interpretierbarkeit, Granularität, Erforderlichkeit)
- Befragungen (z. B. Objektivität, Relevanz, Verständlichkeit, Vertrauenswürdigkeit, Mehrwert etc.)
- Prüfmethoden, die vom IT-Sicherheits-/Betriebsmonitoring abgedeckt sein sollten (z. B. Zugriffsmöglichkeit, Zugriffssicherheit, zeitliche Verfügbarkeit)
- Maschinelle Prüfmethoden
- Prüfmethoden, die eine Sichtung bzw. einen Dokumentationscheck erfordern (z. B. Auffindbarkeit, normative Konsistenz, Herkunft/ Abstammung)
- Prüfmethoden, die aus Audits/Nachuntersuchungen bestehen (z. B. Verwendbarkeit, Auditfähigkeit)

Wir denken, dass es wenig Sinn macht, ein DQ-Team mit Themen zu beschäftigen, die bereits professionell von anderen Teams im Unternehmen bearbeitet werden. Aus diesem Grund haben wir uns prinzipiell auf sieben maschinell überprüfbare und zwei dokumentarische Kriterien beschränkt (7+2).

Tabelle 1: DQ-Kriterien (7+2)

	DQ-Kriterien	Beschreibung
Maschinell erfassbar	(1) Horizontale Vollständigkeit (auf Satz- und Vorgangsebene) (completeness)	Gibt es fehlende oder unbrauchbare Daten? Alle Daten sind gemäß Geschäftsanforderungen erfasst.
	(2) Syntaktische Korrektheit (conformity)	Gibt es Daten in einem nicht standardisierten Format? Die Daten stimmen mit dem spezifizierten Format überein.
	(3) Widerspruchs-freiheit (consistency)	Welche Datenwerte weisen widersprüchliche Informationen auf? Die Daten weisen keine Widersprüche zu Integritätsbedingungen (Geschäftsregeln, Erfahrungswerten) und Wertbereichsdefinitionen auf (innerhalb des Datenbestands, zu anderen Datenbeständen, im Zeitverlauf).
	(4) Genauigkeit inkl. Aktualität (accuracy)	Welche Daten sind falsch oder abgelaufen? Korrekte und Kontext-aktuelle (timeliness) Schreibweise von existenten Namen, Adressen, Produkten etc.
	(5) Wiederholungs-freiheit (duplicates)	Welche Datensätze oder Spalteninhalte werden wiederholt? Keine Dubletten (Suche nach Synonymen und Ähnlichkeiten), keine Homonyme, keine Überlappungen (continuity), alles eindeutig identifizierbar (uniqueness).
	(6) Integrität (integrity)	Welche Referenzdaten bzw. Beziehungen fehlen? Es darf z. B. keinen Kunden ohne Vertrag geben, Produkte werden geführt, …
	(7) Vertikale Vollständigkeit/ Systemüber-greifende Datenkorrektheit /Kontrollsummen (completness)	Ist die Konsistenz der Daten über alle Systeme hinweg gesichert (z. B. Anzahl von Verträgen in der Datenquelle ist zu einem gewählten Stichtag identisch mit der Anzahl von Verträgen im DWH[4]).

(Fortsetzung auf S. 27)

---

[4] DWH = Data-Warehouse, dispositiver Bereich für Datenanalysen.

Tabelle 1: (Fortsetzung)

	DQ-Kriterien	Beschreibung
Dokumentarisch	(8) Auffindbarkeit	Können die Daten über gängige Suchfunktionen schnell und einfach gefunden werden? Sind die Daten verschlagwortet?
	(9) Normative Konsistenz	Es wird sichergestellt, dass die Benennung und Bedeutung einzelner Daten über alle Systeme, Prozesse und Organisationseinheiten hinweg gleich verstanden und verwendet wird.

Zwar sind mir bei internen Recherchen schon 19 Dimensionen der Daten-qualität begegnet, 7 + 2 sind mir eindeutig sympathischer. Manchmal ist weniger mehr, nicht wahr? In meinen Kreisen habe ich jedenfalls schon gehört, dass man im Rahmen von Solvency II mit nur drei DQ-Kriterien auskommt.

Im Zusammenhang mit MaRisk und Solvency II ist tatsächlich von nur drei DQ Performance Indicators die Rede, nämlich von appropria-teness, accuracy und completeness of data, also von Angemessenheit, Genauigkeit und Vollständigkeit. Als es dann jedoch darum ging, wie diese Kriterien zu überprüfen sind, mussten wir auf die besagten 7+2-Kriterien zurückgreifen. Wir sind inzwischen der Überzeugung, dass sich jedes DQ-Kriterium, das aus maschinell und/oder dokumentarisch überprüfbaren Komponenten besteht, anhand unserer 7+2-Kriterien beschreiben lässt. Werfen wir doch einen Blick auf das nächste Bild.

Danke sehr so weit. Dieses Kriterium Nr. 9 „normative Konsistenz" hat es in sich. Ihr stellt uns die Bude auf den Kopf, wenn so etwas wirklich sein muss.

Du hast es erfasst! ☺ Nein! Bleiben wir realistisch, auch bei der Auf-findbarkeit (Kriterium 8) würde kein vernünftiger Mensch, der ein bisschen weiß, wie es in der funktionierenden IT eines Unternehmens zugeht, erwarten, dass jedes Datenfeld dokumentiert und auffindbar ist. Aber für die unternehmenskritischen Kennzahlen muss es einfach so sein, dass nur eine und nicht mehrere Dokumentationen vorliegen und die Bezeichnung möglichst unternehmensweit gilt. Wenn beispielsweise Umsatzzahlen (Feld/Spalte „Beitrag") aus verschiedenen Unternehmensbereichen zusammengeführt werden, darf es nicht sein, dass sie aus Bereich A mit Umsatzsteuer und aus Bereich B ohne Umsatzsteuer in die Weiterverarbeitung eingehen.

Für den Fall, dass eine zentrale Dokumentation der wichtigsten Datendefinitionen im Unternehmen angestrebt wird, wäre es darüber hinaus sinnvoll, wenn das System die Fachbereiche bei der Harmonisierung von Definitionen unterstützt! Es kommt darauf an, alles in einem vernünftigen Rahmen zu belassen.

Was ist mit „fachlicher Korrektheit" als DQ-Kriterium?

Wenn Du so etwas wie „inhaltliche Richtigkeit" oder „fachliche Fehlerfreiheit" meinst, muss ich Dich leider enttäuschen. Das gehört zu den Problemen, die durch Computer nicht gelöst werden können.[5] Es bietet sich der Ausweg an, dass man „auswertbare" Teilaspekte der „fachlichen Korrektheit" definiert und diese einzeln prüft, wie z.B. Aktualität, Vollständigkeit, syntaktische Korrektheit oder Widerspruchsfreiheit. Fallbezogen reicht die Summe der überprüfbaren Teilaspekte oft aus, um das abzudecken, was unter „fachliche Korrektheit" verstanden wird. Die isolierte Verwendung der Begriffe „Korrektheit", „inhaltliche Richtigkeit" und „fachliche Korrektheit" im DQ-Umfeld gehen in Richtung von Wunschdenken oder Absicherungsstrategien, welchen DQ nicht gerecht werden kann.

Zwei Beispiele aus dem Unternehmensalltag:

(1) Nachdem es Prämien für Neu-Kunden gibt, werden einige Alt-Kunden mit geringen Modifikationen z.B. in Namen, Adresse, Ge-

---

[5] Es handelt sich um ein Thema der „theoretischen Informatik", das sogenannte Halteproblem von Turingmaschinen, angewandt auf die Fehlerfreiheit von Daten.

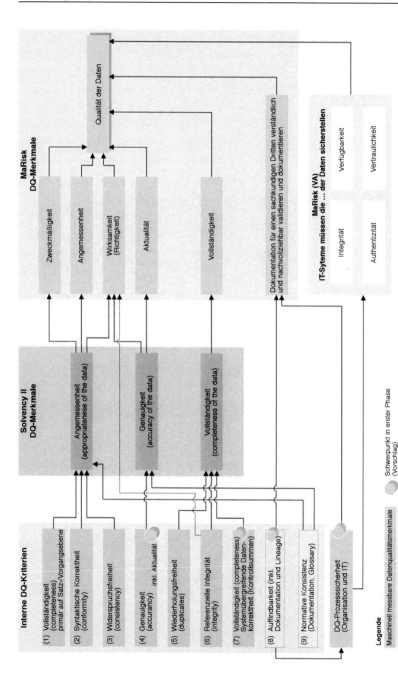

Abbildung 1: DQ-Kriterien-Mapping

burtsdatum neu angelegt. DQ stellt fest, dass 75% der Kunden-
daten zweier Kunden deckungsgleich sind. Der Sachbearbeiter be-
stätigt jedoch, dass alles seine Richtigkeit hat und es sich um zwei
unterschiedliche Kunden handelt. Ist das „inhaltlich richtig"?

(2) Man erlebt in einigen Häusern regelmäßig zum Jahresende eine
Erhöhung der Vertragsanträge, die spätestens Ende des ersten
Quartals, ohne Kundeninteraktion, sang- und klanglos storniert
werden. Ist das „fachlich korrekt"?

Die Grenzen von DQ werden anhand der beiden Beispiele hoffentlich
deutlich. Es ist nicht die Aufgabe von DQ, sich dort investigativ zu betätigen. Es obliegt den jeweiligen Datenverantwortlichen und anderen
Stellen, sich mit der sachlichen und inhaltlichen Korrektheit der Daten
zu befassen, d. h. damit, dass die vorhandenen Daten den realen Gege-
benheiten entsprechen.

Beispiele für Datenqualitäts-Regeln

*Kannst Du mir ein paar Beispiele zu den maschinell erfassbaren DQ-
Kriterien geben, damit es anschaulicher wird?*

Aber klar doch. Du solltest dabei immer im Hinterkopf behalten, dass
die DQ-Regeln, so trivial ihre willkürlichen Benennungen auch klingen
mögen, erst nach einer eingehenden Datenanalyse (Data Profiling) zusammen mit den entsprechenden Datenverantwortlichen (Data
Owners) aufgestellt werden. Das gewährleistet, dass die DQ-Mängel
nachfolgend jederzeit maschinell in den ausgewählten Datenbereichen
identifiziert, quantifiziert und ggf. korrigiert werden können.

Eine denkbare Entlastung: Wenn die Datenanalyse wiederholt keine
kritischen Auffälligkeiten ergab, besteht auch keine Notwendigkeit,
DQ-Regeln aufzustellen.

Zu (1) Horizontale Vollständigkeit

Regel „Kundendatensatz für Kfz": Hier wird geprüft, ob alle Felder, die minimal zur Anlage eines Kfz-Versicherungs-Kunden erforderlich sind, auch ausgefüllt wurden. Wenn mehr als 5% der Daten des letzten Monats nicht konform mit dieser Regel gehen, ist der verantwortliche Bereich zu informieren.

Regel „Nicht leer für die Aufsichtsbehörde": Hier kann geprüft werden, dass vorher definierte Datenfelder vor der Weitergabe nicht leer sind. Alle Datensätze, die diese Regel verletzen, werden den Verantwortlichen unmittelbar in geeigneter Form übermittelt.

Zu (2) Syntaktische Korrektheit

Regel „Format Geschlecht": In einem ausgewählten Datenpool werden folgende Kennzeichen akzeptiert: M, W, Mann, Frau, Maskulin, Feminin, Homen, Mulher, Hemaphrodit, FM: formerly man, FW: formerly woman. Leere Datensätze oder solche mit anderen Inhalten sind für eine „unmittelbare" Korrektur zu kennzeichnen.

Regel „Format Datum": Daten in den Feldern A, C, E dürfen nur in der Form (pattern) tt.mm.jjjj, ttmmjj und mm/tt/yyyy vorliegen. Alles andere führt zu Problemen bei der Weiterverarbeitung. Die entsprechenden Datensätze werden abgewiesen und an den Verantwortlichen weitergeleitet.

Zu (3) Widerspruchsfreiheit

Regel „Geschlecht und Anrede": Trotz aller implementierten Plausibilitätsprüfungen kommt es vor, dass sich die gelieferten Daten zum Teil widersprechen. In einem solchen Fall wird geprüft, inwieweit sich Anrede und Geschlecht widersprechen.

Regel „Beitrag kleiner als Versicherungssumme": Eine Verletzung dieser Regel taucht gelegentlich auf, wenn ein neues

Produkt eingeführt wurde und es Gründe gibt, eine solche Plausibilitätsprüfung in nächster Zeit nicht zu implementieren.

Zu (4) Genauigkeit inkl. Aktualität

Regel „Aktualität des Geschäftsberichts": Der Geschäftsbericht vergleicht Daten aktuellen Datums mit Daten, die bis zu vier Jahren zurückliegen. Der Bericht ist aktuell, wenn mindestens 20 bis 30% der Datensätze einen Zeitstempel tragen, der innerhalb der letzten 12 Monate liegt.

Regel „Aktuelles Produktportfolio": Die Auflistung beinhaltet weder nur in der Vergangenheit vertriebene noch künftige Produkte („gültig bis" < heute, „gültig ab" > heute).

Zu (5) Wiederholungsfreiheit

Regel „Uniquer Jahresbeitrag": Die Kombination der Feldinhalte Vertragsnummer, Jahr und Betrag darf in Tabelle X nur einmal vorkommen.

Regel „Uniquer Kunde": Es darf keine zwei oder mehr Datensätze geben, bei denen die nachfolgenden Felder eine Ähnlichkeit von über 95% aufweisen.

Zu (6) Integrität

Regel „Nur bekannte Bearbeitungskennzeichen (BKZ)": Es werden keine Daten übernommen, deren BKZ in der Tabelle „Liste der verarbeitbaren BKZ im DWH" fehlt.

Regel „Null Luftnummer": Es gibt keinen Versicherungsantrag mit Produktbezeichnungen, die nicht in der Liste „Aktuelles Produktportfolio" zu finden ist.

Zu (7) Vertikale Vollständigkeit

Regel „Rückstellungsvollständigkeit": Die Abweichung zwischen der Summe X und einer Zahl Y ist immer größer als 0 und die Abweichung darf pro Berichtszeitraum beispielsweise nicht höher als 0,01% sein.

Regel „Umsatz": Die Differenz zwischen der Summe der nachfolgenden Umsatzzahlen und der Zahl Y aus DWH darf nicht über 0,3% liegen. Sonst ist Abteilung XYZ umgehend zu informieren.

Das war's!

Danke für den Stoff. Ich kann mir aber vorstellen, dass viele der Beispiele, die Du anführst, bei uns bereits umgesetzt sind.

Wie eingangs gesagt: Ich nehme an, dass einiges durchaus schon existieren mag. Wie laufende DQ-Projekte aber mehrfach zeigten, gibt es keine stringente Systematik und höchst selten protokollierte Ergebnisse einer DQ-Prüfung. Häufig gibt es eine Verwechslung mit Protokollen aus der Job-Steuerung und ETL-Protokollen, die im Wesentlichen nur besagen, ob es Abbrüche in der Verarbeitung gab, woran es lag (DQ-Mängel können der Auslöser gewesen sein) und wie viele Daten verarbeitet wurden.

Bist Du Dir sicher, dass man unter dem Deckmantel der Datenqualität nicht anfängt, vieles erneut zu programmieren, um festzustellen, ob andere Programme richtig rechnen?

Ja, und irgendwann gibt es neue Programme zum Überprüfen, ob in der DQ-Prüfung alles richtig gemacht wurde. Und vor lauter Prüfen und Gegenprüfen vergessen wir, dass das Unternehmen noch etwas anderes zu tun hat und fahren mit der denkbar besten DQ in einer sauberen Gerade gegen die Wand.

Tut mir leid, wenn ich sarkastisch werde, aber irgendwie hast Du Recht. Die Gefahr besteht durchaus. Bei allem guten Willen darf man die Zielrichtung der DQ-Prüfung nicht aus den Augen verlieren, nämlich Datenmängel aufzuspüren und die Daten insgesamt verlässlicher zu machen. DQ kann keine Test- oder Abnahmeinstanz für bestehende oder neue Programme sein, denn dann wäre wirklich alles doppelt gemoppelt. Wozu wir DQ allerdings sinnvoll einsetzen können, sind DQ-Messungen mit einheitlichen Kriterien vor und nach Migrationen. Werden Mängel aufgedeckt, lässt sich jedoch nicht immer sagen, ob sie auf Programmierfehlern in den neuen Programmen oder auf Problemen mit der Handhabung beruhen.

O.k., überlassen wir die weitere Diskussion den Profis. Kannst Du mir noch kurz die Beziehung oder die Unterschiede zwischen Data Profiling und DQ-Regeln erläutern?

Natürlich. Lass es uns anhand des Eingangsvergleichs mit der Wasserqualität versuchen. Wir betrachten Data Profiling als eine Art „große Wasserqualitätsanalyse", bei der die Chemiker noch nicht genau wissen, wonach sie suchen. Es gibt hierfür ein paar Standardverfahren, wie zum Beispiel die Suche nach der Anzahl von Keimen (was bei Daten etwa den Spaltenanalysen entspricht). Aufgrund von Vorfällen in der Vergangenheit können die Chemiker schon einem bestimmten Verdacht nachgehen. Sobald störende Unreinheiten identifiziert sind, wird an den kritischen Stellen eine einfache Überwachung installiert. Wie z. B. eine PH-Wert-Analyse mit einer kleinen Box, Kontrastmittel und Skala. Je nach Wasserquelle oder Standort kann dann individuell einiges unternommen werden, um den PH-Wert in bestimmten Grenzen zu halten. Wenn wir zurück zur DQ schwenken, dienen die DQ-Regeln der einfachen Überwachung und ggf. der Herausfilterung bestimmter Mängel.

Ich glaube, für heute haben wir uns genügend mit DQ befasst. Belassen wir es dabei. Wollen wir mit folgendem Gedanken abschließen:

Mit einem DQ-System kann man sicherlich nicht verhindern, dass Menschen weiterhin Fehler machen. Aber Datenmängel lassen sich

> **im Prinzip früher erkennen, insbesondere solche, die mit einer ge-
> wissen Regelmäßigkeit immer wieder auftreten, und sie können
> mit vergleichsweise geringem Aufwand behoben werden.**

Die beiden Freunde verabschieden sich nach einer Weile und vereinbaren
ein weiteres Treffen, bei dem über die Einbettung von DQ in die Organisation zu sprechen sein wird.

Beim nächsten Treffen

*DQ hat mich in der Zwischenzeit gedanklich nicht mehr losgelassen. Was
mir fehlt, ist eine konkretere Vorstellung davon, wie alles ablaufen sollte und
womit ein DQ-Spezialist eigentlich den ganzen Tag über beschäftigt ist.*

In ein paar Minuten wird bestimmt alles klarer. Lass uns zunächst auf
die nötigen operativen Rollen zu sprechen kommen. Wenn es dann zu
den DQ-Hauptprozessen weitergeht, kann ich besser darauf eingehen,
was die DQ-Spezialisten zu leisten haben. Meines Erachtens haben
wir es mit drei wesentlichen organisatorischen Aspekten zu tun:

– operative Rollen,

– erwartete Ergebnisse und wie diese ausgearbeitet werden sollten
  (DQ-Hauptprozesse),

– kontinuierlicher Arbeitsfluss inkl. seiner Gewährleistung sowie Er-
  reichbarkeit aller wesentlichen Bereiche im Unternehmen (Aufbauorganisation).

Bin gespannt!

2.2   Operative Datenqualitäts-Rollen

Es macht Sinn, dieses neue, komplexe und überaus sensible Thema in
die Hände von wenigen gut geschulten Mitarbeitern zu legen, und
zwar in die eines DQ-Teams.

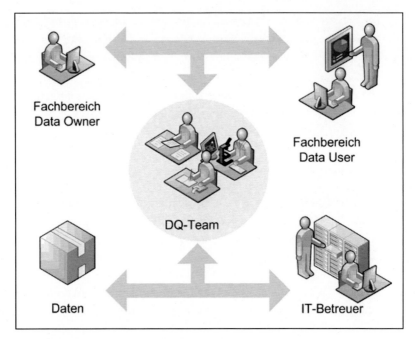

Abbildung 2: DQ operative Rollen

Ich dachte eigentlich, DQ betrifft alle und ist nicht nur auf einige wenige Mitarbeiter beschränkt.

Sehr richtig. Die Mitarbeiter des DQ-Teams (nennen wir sie DQ-Spezialisten) können gar nicht die Verantwortung für die Qualität der Daten anderer übernehmen. Sie können aber den Datenverantwortlichen detaillierte DQ-Berichte zur Verfügung stellen und dabei helfen, kritische DQ-Mängel bereichsübergreifend aufzuspüren.

Lässt sich das vielleicht mit einer Art Daten-TÜV im Unternehmen vergleichen?

Genau so ist es. Wir sehen das DQ-Team als Dienstleiter für Fachbereiche und IT, insbesondere bei Migrationsprojekten. Fachbereiche und IT können bestimmte Leistungen anfordern und müssen nicht eigene teure DQ-Werkzeuge und DQ-Spezialisten in ihren Abteilungen vorhalten. Ferner lässt sich mit einem DQ-Team eine Anlaufstelle im Unternehmen installieren, die funktionsneutral alle DQ-Messungen für die unternehmenskritischen Daten und Kenngrößen durchführt.

Ist ein DQ-Team mehr fachlich oder eher technisch ausgerichtet?

Beides. Der ideale Kandidat für ein DQ-Team verfügt über ausgesprochene analytische Fähigkeiten, hat gute IT-Skills (z. B. zwecks Datenbankabfragen), eine schnelle Auffassungsgabe für fachliche datenbezogene Themen und kann gleichermaßen gezielt methodisch sowie pragmatisch vorgehen. Nimmt ein DQ-Team die Arbeit auf, stehen anfangs die neuen Techniken im Vordergrund (DQ-Tools, Datenzugriffe, Integration mit ETL-Routinen etc.) Später, wenn diese zur Routine geworden sind, kommt den fachlichen Aspekten die tragende Rolle zu.

Wo sollte ein DQ-Team am besten angesiedelt werden?

Bei Unternehmen mit systemischem Charakter, für die sich die Aufsichtsbehörde besonders interessieren dürfte, empfiehlt es sich, strikt auf Funktionstrennung zu achten. Das heißt, das DQ-Team, das die DQ-Messungen durchführt, sollte nicht für Datenpflege, -transport, -transformation und -veredelung zuständig sein. Eben wie ein Daten-TÜV! Das DQ-Team berichtet, berät und begleitet. Es sollte im Regelfall nicht operativ eingreifen.

Wo ein DQ-Team schließlich angesiedelt wird, ist egal! Es sollte an einer Stelle sein, bei der man sicher ist, dass es dort möglichst wenige Interessenkonflikte geben wird und eine reibungslose offene Kommunikation möglich ist.

Kurz gefasst:

DQ-Team

Das DQ-Team gibt als neutrale Instanz Auskunft über die Datenqualität im Unternehmen, setzt DQ-Anforderungen in Messzahlen um, berichtet über alle DQ-Messzahlen und begleitet den Daten-verantwortlichen bei DQ-Verbesserungsmaßnahmen, hat jedoch keine Verantwortung für die Datenqualität an sich.

Welche weiteren Rollen gibt es neben dem DQ-Team?

Noch drei, und zwar

Data Owner/Datenverantwortlicher

Er ist der fachlich Verantwortliche für bestimmte Anwendungs- und Datenbereiche, verantwortet den Zugang zu den Daten, deren fachliche Korrektheit sowie ihre Erfassung und Pflege. Er legt DQ-Ziele fest und überwacht sie mit Unterstützung des DQ-Teams.

Data User/Datennutzer

Er benötigt aus fachlichen Gründen Daten von anderen und stellt Erwartungen an die Datenqualität.

IT-/technischer Anwendungsbetreuer

Er hilft bei technischen Fragen zu Anwendungen und deren Daten weiter. Er ist der einzige technische Ansprechpartner des DQ-Te-ams für die jeweilige Anwendung/Teilanwendung. Er ist entweder ein Mitarbeiter aus einer IT-Abteilung oder ein Anwendungsent-wickler aus der Fachabteilung. In Ausnahmefällen könnte auch ein Mitarbeiter des Rechenzentrums technischer Ansprechpartner sein.

Bleibt der Data Owner immer für seine Daten verantwortlich, auch wenn andere Mitarbeiter sie bekommen und weiterverarbeiten?

Ein Data Owner kann die vereinbarte Qualität seiner Daten nur gegen-über seinen direkten Datenabnehmern (Data User) verantworten. Eine Person oder Gruppe gilt als Data User, solange sie als „bekannter" Empfänger von Daten agiert. Sobald Data User die Daten übernehmen, um sie ggf. weiterzuverarbeiten oder zu verteilen, werden sie zum Data Owner der entsprechenden Daten und übernehmen damit die Verantwortung für die Qualität dieser Daten für weitere Abnehmer.

Warum betonst Du den Empfänger als „bekannter Empfänger"?

Datenqualität hängt unmittelbar mit dem Verwendungszweck zusammen. Ein Data Owner kann einem unbekannten Data User für einen ihm unbekannten Verwendungszweck grundsätzlich keine Qualitätszusage machen oder irgendwelche Garantien übernehmen.

Es scheint mir hier eine Parallelität zur Prozessverantwortlichkeit vorzuliegen, oder?

Richtig. Die Prozess- bzw. Prozessabschnitts-Verantwortlichen sind grundsätzlich unsere Data Owner. Sie verlangen DQ-Standards von ihren Datenlieferanten und geben DQ-Garantien an ihre Datenabnehmer. Aber verlassen wir diese Gesprächsrichtung vorerst, bis das Thema DQ verständlicher ist.

Also, Du kommst mit diesen vier Rollen aus?

Für die Beschreibung der DQ-Hauptprozesse reicht es aus, das Zusammenspiel dieser vier Rollen zu kennen. Es erhöht die Übersichtlichkeit. Zumal es unerheblich ist, ob sich ein Data Owner in einer bestimmten Situation durch einen dezentralen DQ-Beauftragten vertreten lässt oder ob ein DQ-Team aus DQ-Managern und DQ-Spezialisten besteht (einige weitere Rollen werden später präsentiert).

Welche DQ-Hauptprozesse gibt es?

2.3   Datenqualitäts-Prozesse

Wir kennen zunächst den Datenqualitäts-Prozess als allgemeinen DQ-P mit dem Ziel einer Erhöhung des DQ-Levels. Seit die Aufsichtsbehörden Aussagen zur Datenqualität von Risikokennzahlen (MaRisk) und sonstigen unternehmenskritischen Kennzahlen (Solvency) erwarten, haben wir einen weiteren DQ-Hauptprozess modelliert und nennen ihn hier DQ-R (Datenqualität für regulatorische Bedarfe). Seine primäre Aufgabe ist es, DQ-Aussagen entlang eines Datenabstammungspfads für beliebige unternehmenskritische Kenngrößen zu erzeugen.

2.3.1   Allgemeiner Datenqualitäts-Prozess (DQ-P)

Hier werden die Schritte eines DQ-Prüfauftrags verdeutlicht. Das Ergebnis/Ziel dieses Prozesses ist eine DQ-Verbesserung inkl. detaillierter DQ-Aussagen zum Vorkommen bestimmter DQ-Mängel in einem definierten Datenareal. Der Prozess bildet eine allgemeine DQ-Betriebssituation ab und wird in der Regel als Referenzmodell herangezogen.

Der Kernprozess des DQ-P orientiert sich an den fünf Schritten des DQM-Kreislaufs.

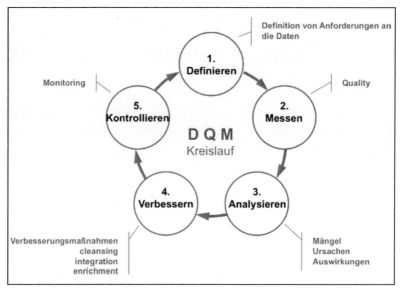

Abbildung 3: DQM-Kreislauf

Der Prozess selbst wird mit der Annahme eines DQ-Auftrags (Identifizieren) gestartet.

Je nach verfügbarer Infrastruktur und organisatorischen Auflagen wird der Prozess angepasst.

Hier ein kurzes Beispiel für den DQM-Kernprozess[6]:

Schritt 0: Identifizieren

Das DQ-Team wird nach Auftragserteilung aktiv. Der Auftrag kommt im normalen Betrieb entweder vom Data Owner oder vom Data User (inkl. der IT bei Migrationsprojekten).

Das DQ-Team erfasst den DQ-Auftrag in einer eigenen Auftrags-DB[7], die die Auftragssteuerung und Reportfähigkeit des Teams erleichtert. Anschließend wird der entsprechende IT-Betreuer gebeten, die Daten bereitzustellen bzw. einen Lesezugriff zu ermöglichen sowie die entsprechende Datendokumentation zur Verfügung zu stellen („Daten bereitstellen").

Schritte 1, 2 und 3: Definieren, Messen und Analysieren

Diese Arbeitsschritte sind in Form einer Schleife aufgebaut. Beim Erstkontakt mit unbekannten Daten nimmt der DQ-Spezialist in der Regel ein Data Profiling vor. Beispielsweise wird maschinengestützt eine Spaltenanalyse durchgeführt. Der DQ-Spezialist versucht, aus den statistischen Ergebnissen (Musterverteilung, Häufigkeitsverteilung etc.) erste Erkenntnisse über die Daten zu gewinnen. Es folgen Abklärungen mit dem Data Owner und ggf. dem IT-Betreuer oder Data User (Hilfestellung, Abstimmung).

Die Erkenntnisse aus dem Data Profiling werden herangezogen, um DQ-Regeln für einzelne DQ-Kriterien zu definieren (zweiter

---

[6] Weitere Informationen und Graphiken unter „CC DQM" auf www.morbey.de.
[7] DB = Datenbank.

Iterationsschritt). Anhand der DQ-Regeln ist es möglich, die Datenqualität erstmalig zu messen. Nach erneuter Datenanalyse und Bewertung der DQ-Messergebnisse werden in einem letzten Iterationsschritt die DQ-Ziele mit dem Data Owner festgelegt.

Das Resultat ist eine offizielle – vom DQ-Team etablierte – DQ-Prüfroutine, die jederzeit eingesetzt werden kann, um die DQ der betroffenen Daten zu messen (DQ-Wiederholungs-prüfung). DQ-Mängel können jetzt identifiziert, bewertet und ggf. weitere Maßnahmen eingeleitet werden. Die Ergebnisse offizieller DQ-Prüfungen werden in einem Standardformat gespeichert und für weitere Auswertungen verfügbar gehalten.

Schritte 4 und 5: Verbessern und Kontrollieren

Nach den vorausgegangenen Schritten sind wir in der Lage, DQ-Aussagen zu tätigen. Und dann? Weitere Aktivitäten werden maßgeblich vom Data Owner veranlasst. Das DQ-Team unterstützt ihn bei der Konzeption von Maßnahmen und dem Auffinden möglicher Alternativen zur Behebung und Prävention der vorgefundenen DQ-Mängel.

Die effektivste Form der Prävention ist die Programmierung einer weiteren Plausibilitätsprüfung nahe am Entstehungsort der DQ-Mängel, um die Speicherung bzw. Weiterleitung mangelhafter Daten zu verhindern. Dies wird von der IT im Auftrag des Data Owners veranlasst.

Ist das zeitweise nicht möglich, was durchaus vorkommt, können wir auf mindestens zwei DQ-Verfahren zurückgreifen, und zwar das DQ-Monitoring und das DQ-Controlling.

Die vorher vom DQ-Team erstellten DQ-Prüfroutinen werden z. B. in die Datenversorgungswege eingebunden. Jeder Datensatz mit identifizierten DQ-Mängeln wird gekennzeichnet und protokolliert (DQ-Monitoring). Es reicht aus, den Data Owner zu informieren, wenn nachträgliche Datenkorrekturen weder Menschen noch Systeme stressen. Im Falle, dass die nachfolgenden Systeme sehr hohe

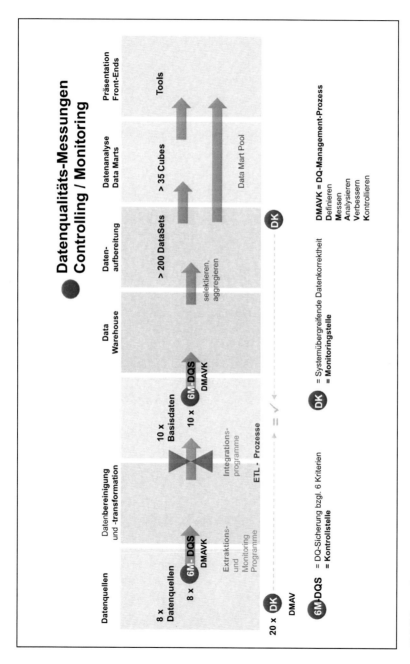

Abbildung 4: Datenversorgungswege mit DQ-Kontrollstellen, ein Ausschnitt als Beispiel

Anforderungen an die DQ der Eingangsdaten stellen, tritt DQ-Controlling in Aktion. Daten mit kritischen bzw. verdächtigen DQ-Mängeln werden aussortiert. Sie gehen entweder postwendend zurück an den Data Owner oder sie werden geparkt. Auf keinen Fall werden sie weiter be-/verarbeitet, als ob nichts wäre! Geparkte Daten werden geprüft und anschließend entweder freigegeben oder an den Data Owner zurückgeschickt. Die IT (zumeist ein ETL-Programmierer) richtet unter Einsatz der DQ-Tools und mit Unterstützung des DQ-Teams DQ-Controlling-Stationen ein.

Das DQ-Team stellt in dieser Phase Konzepte, Entscheidungsvorlagen und DQ-Reports für den Data Owner bereit und begleitet ihn bei der Umsetzung von Verbesserungsmaßnahmen.

Ich würde diese fünf Schritte als das „Einmaleins" eines DQ-Spezialisten bezeichnen. Ich hoffe, das beantwortet Deine Frage zum Aufgabenbereich der DQ-Spezialisten.

Übrigens entsteht im Laufe der Zeit ähnlich wie bei einem Wasserwerk entlang der Leitungswege (Informationsflüsse) ein Netz von DQ-Mess- und -Kontrollstellen zur Sicherung hoher Daten-qualität (siehe Abb. 4). Über die vorgefundene Qualität wird Bericht erstattet.

Ja, danke. Damit sehe ich etwas klarer. Das sind alles unbestritten sinnvolle Aktivitäten. Eingangs hast Du auch DQ-R erwähnt. Die DQ-Spezialisten haben also über das Gesagte hinaus noch einiges mehr zu leisten.

2.3.2   Datenqualität für regulatorische Bedarfe (DQ-R)

Richtig. Im Vergleich zum bisher Beschriebenen fällt der DQ-R-Prozess zum Teil einfacher aus. Man könnte ihn fast DQ-Light nennen, da man sich beim Schritt 2 „Definieren" anfangs auf wenige Schwerpunkte konzentriert, wie z.B. „vertikale Vollständigkeit" und „Genauigkeit inkl. Aktualität". Die letzten beiden Schritte „Verbessern" und „Kontrollieren" sind nicht jedes Mal obligatorisch.

Allerdings hat DQ-R einen nicht immer trivialen dokumentarischen Schwerpunkt, der die Zusammenarbeit von IT, Data Owner und DQ-Team erfordert.

Tabelle 2: Beschreibungselemente eines Informationsobjekts in einer Meta-Datenbank

Beschreibungselemente eines Informationsobjekts (Dateien, Tabellen, Felder etc.)	Mitwirkung		
	IT	FB	DQ-Team
1 Fachliche Beschreibung (Semantik) Beziehung zum Glossar		▨	
2 Technische Beschreibung Strukturbeschreibung Syntax und Wertebereich …	▨		
3 Herkunftsinformation (inkl. Transformationsregeln) Beziehungen pflegen	▨		
4 Organisatorische Zuordnungen Data Owner IT-Betreuer …	▨		▧
5 Anforderungen an die DQ DQ-Regeln DQ-Prüfpunkt …		▧	▨

Je nach verfügbarer Infrastruktur und Dokumentation wird der Prozess so angepasst, dass der Verantwortliche für MaRisk/Solvency bei Fragen zur Datenqualität folgende Informationen abrufen kann:

– Aktuelle Datenabstammungspfade für beliebige unternehmenskritische Kenngrößen (vollständige Informationsfluss-Darstellung einer Kennzahl bis zurück zu den Quellen in den Produktionssystemen mit Benennung der Datenzwischenstände, Transformationsschritte und organisatorischen Zuständigkeiten),

- DQ-Prüfpunkte entlang der Datenabstammungspfade,

- Prüfgegenstand, -regeln sowie -turnus an beliebigen DQ-Prüfpunkten,

- DQ-Prüfergebnisse im zeitlichen Verlauf an jedem beliebigen DQ-Prüfpunkt (bis zu 12 Monate zurückreichend, d. h. Use Test).

2.4   Aufwand

Welchen Aufwand werden die beiden Prozesse erfordern?

Wenn der DQ-R-Prozess beschrieben ist, können wir anhand eines Hochrechnungsmodells schnell die initiale Stärke des DQ-Teams, die Dauer der erstmaligen Aktivitäten sowie die Mehrbelastung des Fachbereichs und der IT bestimmen.

Für DQ-P lassen sich erst nach Ablauf einer Anfangsphase anhand der Auswertungen abgeschlossener DQ-Aufträge zuverlässige Aussagen tätigen.

Also dann starten wir doch mit dem Prozess DQ-R und sparen uns DQ-P für später auf.

Grundsätzlich wäre das ein guter Ansatz. Es macht aber wenig Sinn, aufgedeckte kritische DQ-Mängel weiter im System zu belassen. Also rechnet das DQ-Team damit, anfangs mindestens 20% des verfügbaren DQ-Budgets auf die Unterstützung des allgemeinen DQ-P zu verwenden (d. h., vom gesamten DQ-Budget entfallen ca. 20% auf DQ-P und 80% auf DQ-R).

Ein Beispiel:

In einem Unternehmen sind ca. 50 unternehmenskritische Kennzahlen auf Prozesssicherheit zu auditieren. Es existieren 14 relevante Anwendungen mit 120 Importschnittstellen, woraus sich ca. 200 DQ-R-Prüfaufträge ergeben.

Bei einer DQ-Teamgröße von 4 MA[8] werden 2,7 MA mit der „reinen" Abarbeitung dieser Aufträge für die Dauer von ca. 13 Monaten beschäftigt sein. Dann sind alle DQ-R-Aufträge einmal abgearbeitet. Von Fachbereichen und IT werden pro DQ-R-Auftrag durchschnittlich ca. 0,7 bzw. 1,1 PT[9] beigesteuert (inkl. Schulungen und Audits).

Die übrigen 1,3 DQ-Spezialisten beschäftigen sich mit dem laufenden DQ-Betrieb. Das heißt, im ersten Jahr stehen dem DQ-Team ca. 90 PT zur Unterstützung von DQ-P sowie jeweils ca. 50 PT für DQ-Beratung, DQ-Monitoring und Administration zur Verfügung. Die erforderlichen Aufwände der Fachbereiche und der IT für DQ-P lassen sich, wie bereits erwähnt, noch nicht beziffern.

Sobald alle notwendigen DQ-Aussagen einmal abgearbeitet sind, drehen sich die Verhältnisse im jährlichen DQ-Budget in etwa um, und zwar in geschätzte 85% des Bedarfs für DQ-P zu 15% für DQ-R.

Welche Erfahrungswerte gibt es zur DQ-Teamgröße?

Es kommt sicherlich darauf an, welche anderweitigen Ergebnisse von einem DQ-Team zusätzlich erwartet werden. Langfristig kann man aber von einem kontinuierlichen Bedarf von 1 bis 3 DQ-Spezialisten für reine DQ-Aktivitäten pro Einzelgesellschaft ausgehen.

Für den Anfang, d.h., bis alle DQ-R-Aufträge einmal abgearbeitet sind und der größte Bedarf an DQ-P befriedigt ist, sind die oben genannten Angaben in der Regel zu verdoppeln. Die Anfangsphase kann je nach Komplexität und Zustand des Datenhaushalts ca. 1,5 bis 3,5 Jahre dauern.

Die minimale initiale Größe für ein DQ-Team sind unserer Einschätzung nach 3 Fulltime-DQ-Spezialisten.

---

[8] MA = Mitarbeiter.

[9] PT = Projekttag.

*So langsam wird es klar, dass es hier um eine ernste Angelegenheit von
großer Tragweite geht. Also ich brauche einen guten Mitarbeiter, der es
versteht, die Kosten im Zaum zu halten.*

Ein ergebnisorientierter und pragmatischer DQ-Manager ist sicherlich
eine sehr gute Wahl. Die große Kunst wird darin bestehen, sich auf die
wichtigsten Kennzahlen zu konzentrieren und mit einer kleinen Anzahl
adäquater DQ-Prüfstationen entlang der wichtigsten Datenversorgungswege auszukommen. Auch wenn eine 100%-ige Datenqualität an allen
Punkten erstrebenswert ist, kann das zu einem äußerst schwierigen Un-
terfangen werden. Die Verhältnismäßigkeit zwischen Aufwand und Nutzen der Datenqualität muss dem Unternehmensziel untergeordnet bleiben.

2.5   Aufbauorganisation

*Nehmen wir an, wir haben ein DQ-Team mit einem DQ-Manager und
mehreren DQ-Spezialisten, das auftragsbezogen arbeitet. Aber wie kommt
es an seine DQ-Aufträge?*

Es ist äußerst wichtig, dass die Geschäftsleitung DQ-Aussagen von
den DQ-Verantwortlichen der Geschäftsbereiche verlangt. Diese werden sich an die entsprechenden Data Owner in ihren Bereichen wen-
den, die ihrerseits dann Unterstützung vom DQ-Team anfordern.

Die Ausarbeitung von DQ-Aussagen nach DQ-R macht bis zu 80%
der initialen Arbeiten eines DQ-Teams aus.

Data User und Data Owner, die störende DQ-Mängel feststellen, werden
sich direkt oder via Helpdesk bzw. IT beim DQ-Team melden. Diese Aufträge werden gemäß DQ-P abgearbeitet. Der Anteil am Arbeitsaufwand
hierfür beträgt anfangs nur ca. 20%.

Wenn in der Geschäftsleitung wenig Interesse an DQ-Aussagen besteht, liegt es auf der Hand, dass es voraussichtlich wesentlich länger
dauern wird, bis ein DQ-Betrieb etabliert ist.

Du hast schon einige Rollen der Organisationsmitglieder genannt. Welche gibt es sonst noch, die in der DQ-Organisation von Bedeutung sind?

Außer den angeführten Rollen gibt es im Zusammenhang mit DQ keine prägnanten neuen Rollen. Ich habe Dir ein Modell mitgebracht, das als Vorlage für eine effektive Datenqualitäts-Organisation herangezogen werden kann (siehe Abb. 5).

Sinn und Zweck einer DQ-Aufbauorganisation bleibt es, Kompetenzen aufzuzeigen, um einen möglichst reibungslosen Ablauf der Prozesse rund um die Thematik Datenqualität zu gewährleisten.

Unternehmens-DQ-Verantwortlicher

> Er gehört der Unternehmensleitung an und ist verantwortlich für die unternehmensweite Datenqualität und -sicherheit.

DQ-Verantwortlicher pro Geschäftsbereich

> Er sorgt dafür, dass für alle unternehmenskritischen Datenbereiche in seiner Verantwortung DQ-Aussagen vorliegen. Er fordert DQ-Ziele und DQ-Berichte für seinen Bereich, gibt Budgets für DQ-Verbesserungsmaßnahmen und fachliche Datendokumentationen frei.

Leitung System-/Anwendungslandschaften

> Er verantwortet die technische Infrastruktur und Betriebssicherheit von Anwendungen und Systemen. Er sorgt für die Bereitstellung benötigter IT-Ressourcen. Er fordert DQ-Aussagen, insbesondere bei Migrationsvorhaben.

DQ-Manager

> Er leitet das DQ-Team, verwaltet das DQ-Auftragsmanagement. Er ist Herausgeber periodischer DQ-Berichte zu unternehmenskritischen Datenbereichen.

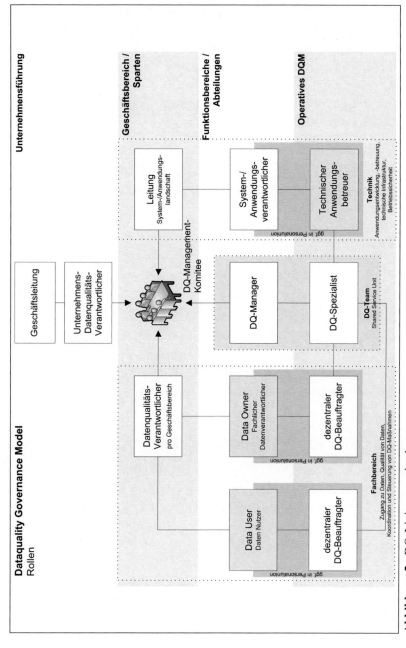

Abbildung 5: DQ-Linienorganisation

DQM-Komitee

Es ist die übergeordnete DQ-Governance-Instanz, wird vom Unternehmens-DQ-Verantwortlichen geleitet.

Hier werden die Rahmenbedingungen für die DQ-Strategie des Hauses abgestimmt und verabschiedet, beispielsweise Erteilung von Prüfaufträgen für bestimmte Unternehmensbereiche und Vereinbarung der Schwerpunkte der DQ-Prüfkriterien für MaRisk/Solvency II.

Dezentraler DQ-Beauftragter

Er verantwortet die Koordination und Steuerung von DQ-Maßnahmen in den Fachbereichen, kann ggf. mehrere Data User und Data Owner vertreten, kann selbst Data Owner und/oder Data User sein. Es ist Aufgabe der Fachbereiche, sich auf die entsprechenden Rollen und Personen festzulegen.

System-/Anwendungsverantwortlicher

Er verantwortet die Aktualität der technischen Datendokumentation, die Integrität, Verfügbarkeit, Authentizität und Vertraulichkeit der Daten. Er unterstützt die Einbindung von DQ-Monitoring- bzw. DQ-Controlling-Instanzen in die Umgebung von Anwendungen und kann identisch mit dem technischen Anwendungsbetreuer (IT-Betreuer) sein.

DQ-Spezialist

Er arbeitet im DQ-Team, wickelt DQ-Prüfaufträge ab, begleitet DQ-Verbesserungsmaßnahmen, pflegt die zentral vorgehaltenen DQ-Informationsnetze.

DQM-Komitee klingt gut. Aber wer soll das vorbereiten, wie oft soll man sich treffen und wie berichtet man dort? Kannst Du dazu etwas sagen?

Es ist eine typische Aufgabe des DQ-Managers, solche Meetings vorzubereiten. Hier ein Entwurf für einen DQ-Report, der als Anhaltspunkt für eine strukturierte und produktive Zusammenarbeit dienen kann:

Strukturmodell eines DQ-Reports

1. Status gemäß Auswertungen aus der DQ-Auftragsdatenbank

1.1 Aufsichtsrechtliche Aufträge (DQ-R-Aufträge)

- Prozentsatz und
- Anzahl abgeschlossener Aufträge
- Kritische Findings
- Next Steps (Planung)

1.2 Allgemeines DQ (DQ-P-Aufträge)
- Anzahl abgeschlossen, in Bearbeitung, offen
  (nach Kritikalität pro Berichtszeitraum)
- Anzahl Meldungen/DQ-Mängel pro Anwendung/Schnittstelle
  im Berichtszeitraum
- Schätzung zu Aufwand versus abgewendete potentielle
  Schäden

**2. DQ-Indizes pro Anwendung bzw. Bereich +
Anzahl kritische DQ-Mängel im Zeitraum**

Stufe I   Erstes Jahr:
               Informationen für Data Owner
               Einige Beispiele von DQ-Dashboards pro Tabelle/Datei

Stufe II   Zweites Jahr:
               Informationen für Linienverantwortliche
               Einige Beispiele von DQ-Indizes pro Datei

Stufe III   Drittes Jahr:
               Informationen für das Management
               DQ-Index pro Anwendung/Bereich

Stufe IV   Viertes Jahr:
               ggf. DQ-Index pro Unternehmen

Die stufenweise Verdichtung der DQ-Informationen in Teil 2 ergibt sich aus der Verfügbarkeit der zu erarbeitenden Daten und der Komplexität der Zusammensetzung der Informationen. Letzterer kann nach Fertigstellung vieler DQ-R-Aufträge und anhand vorliegender DQ-Auswertungen einfacher und effektiver ausgearbeitet werden.

Jetzt reicht es mir zum Thema Organisation. Lass uns die technischen Voraussetzungen auf ein nächstes Mal vertagen. Ich werde einen Kollegen aus der IT hinzubitten, den Du gut kennst. Ich hoffe, dass Du mir bei der Gelegenheit auch einiges darüber berichten kannst, was während einer Einführungsphase zu beachten ist.

Ich fasse kurz einige Punkte zusammen, die mir heute klarer geworden sind:

Es werden DQ-Aussagen von den DQ-Verantwortlichen gefordert.

Ein DQ-Team erarbeitet als Service Unit die DQ-Aussagen für die Data Owner.

Das DQ-Team ist auf die Zusammenarbeit mit Fachbereichen und IT angewiesen.

Sind die vom DQ-Team erwarteten Ergebnisse definiert, ist umgehend der Prozess der Ergebnisgewinnung zu beschreiben und abzustimmen.

3 Technische Voraussetzungen

Beim nächsten und vorläufig letzten Meeting wurden einige wichtige Punkte aus den vorherigen Gesprächen rekapituliert, um dem Kollegen aus der IT einen Überblick zu verschaffen. Die Atmosphäre ist weiterhin sehr vertraut, alle kennen sich seit Jahren. Zwischen den Teilnehmern auf Kundenseite wird nicht weiter differenziert.

Du hast im Verlauf Deiner letzten Ausführungen schon eine Reihe von Werkzeugen angesprochen, die vom DQ-Team offenbar gebraucht werden. Welche sind das genau?

Am Anfang gehen wir von zwei bis vier Software-Werkzeugen aus.

- Ein DQ-Werkzeug für die DQ-Spezialisten, um Daten schnell zu analysieren und Datenqualität zu messen.

- Eine Meta-Datenbank für Fachbereich, IT und DQ-Team, damit fachliche und technische Beschreibungen von aufsichtsrechtlich relevanten Daten zentral vorgehalten werden können. Sie erlauben unter anderem die systemübergreifende dokumentarische Rückverfolgung von Datenfeldern.[10]

- Eine DQ-Auftragsdatenbank für das DQ-Team zur systematischen Erfassung und effizienten Abarbeitung von DQ-Prüfaufträgen.

Warum sagst Du „am Anfang", kommt später noch mehr hinzu?

Was man sonst noch braucht, ist im Regelfall in einem Unternehmen mehrfach vorhanden, wie z. B. auswertbare Datenpools (Staging Areas),

---

[10] Lineage-Auswertungen.

Lesezugriff auf ausgewählte Produktionsdatenbestände und für später DWH-Auswertungsmöglichkeiten für managementtaugliche DQ-Reports auf Anwendungs-/Bereichsebene (DQ-Control-Stand).

3.1   Datenqualitäts-Werkzeug

Können wir ohne Datenqualitäts-Werkzeug auskommen oder können wir selbst eines entwickeln?

DQ-Werkzeuge bestehen aus zwei kombinierbaren Komponenten. Eine dient der erstmaligen Analyse von Daten (Data Profiling), während die zweite die Formulierung und Auswertung von DQ-Regeln übernimmt (Data Quality).

Ein Data Profiling liefert heuristische Auswertungen bislang unbekannter Daten. DQ-Spezialisten können damit Datenmuster, also potentielle Beziehungen zwischen Spalten, Intersektionsmengen zwischen unterschiedlichen Tabellen usw. erkennen. Erst dieses nähere Kennenlernen der Daten ermöglicht es, konkrete DQ-Ziele inklusive Schwellenwerten zu formulieren.

Durch die Formulierung von DQ-Regeln (Business-Regeln) werden auf fachlicher Ebene (meist ohne Programmierung) DQ-Prüfroutinen festgelegt. Damit wird Datenqualität messbar. Die DQ-Prüfroutinen sollten jederzeit von Fachbereich und IT weiter- und wiederverwendet werden können.

Ergebnisse wiederholter DQ-Prüfroutinen sind die Grundlage für Langzeitaussagen zur Datenqualität.

Der Aufwand für DQ-Analysen ohne entsprechendes professionelles Werkzeug wird mindestens auf das Fünffache der aktuellen Berechnungen geschätzt. Ohne ein DQ-Werkzeug müssten die Daten durch eigene Auswertungen, visuelles Sichten von Spalten in Tabellen und ohne jegliche Statistikroutinen analysiert werden. DQ-Regeln müssten z. B. in Access oder SQL[11] programmiert und die Ablage der DQ-Prüfergebnisse in einem Standardformat für spätere Auswertungen organisiert werden. Die Fehlerquote sowie die Projektdauer und -kosten würden sich erheblich erhöhen.

Gelegentlich stoßen wir auf Behauptungen von Unternehmen, die angeblich keine DQ-Tools einsetzen und dennoch einen funktionierenden DQ-Betrieb unterhalten. Leider hatte ich bisher keine Gelegenheit, eines dieser Unternehmen näher zu beleuchten, nehme aber an, dass sie zu den DQ-Pionieren (mit Start irgendwann zwischen 2001 und 2004) gehören und viel in die Eigenprogrammierung von DQ-Prüfverfahren/-routinen investiert haben.

Wenn wir schon nicht selbst entwickeln, gibt es Dinge, auf die besonders zu achten ist?

Ich weiß nicht, ob man das als etwas Besonderes bezeichnen kann, aber mir fallen sofort zwei wichtige Funktionalitäten ein:

– Eine „unkomplizierte" Integration der von den Data Ownern und dem DQ-Team festgelegten DQ-Prüfroutinen in die vorhandenen Datenversorgungsprozesse. Dann kann auch ohne großen Aufwand ein DQ-Monitoring und ggf. ein DQ-Controlling implementiert werden kann.

– Eine einfache Möglichkeit, DQ-Dashboards pro Tabelle/Datei von Anfang an zu verwenden. Das erhöht von vornherein die Akzeptanz durch Data Owner/Data User und deren Vorgesetzte.

---

[11] SQL = Structured Query Language, meist verbreitete Sprache für Datenbankabfragen

3.2   Meta-Datenbank

Welchen unmittelbaren Einfluss hat eine Meta-Datenbank auf die mess-
bare Datenqualität?

Es besteht kein unmittelbarer und expliziter Zusammenhang zwischen
dem Vorhandensein einer gut gepflegten Meta-Datenbank und der
messbaren DQ.

Wofür braucht man sie dann?

Die Meta-Datenbank ist ein zentrales Dokumentations- und Kom-
munikationswerkzeug für den Fachbereich, die IT und das DQ-Team.

Sie ermöglicht z. B. die Darstellung von Lineages, d. h. dokumentarischen Audit-Trails von jeder beliebigen unternehmenskritischen Kennzahl bis zurück zu den Eingabefeldern über unterschiedliche technische
Plattformen hinweg. Dies ist eine zentrale Anforderung an die Datendokumentation seitens der Aufsichtsbehörde.

Des Weiteren soll eine Meta-Datenbank das Aufzeigen von DQ-Prüfpunkten entlang der Lineages (bis hin zur schrittweisen Abbildung
eines DQ-Netzwerks) sowie die Zuordnung von Ansprechpartnern für
jedes Informationsobjekt ermöglichen.

Die Struktur der Beschreibungsdimensionen eines Informationsobjekts ist in der nächsten Tabelle verdeutlicht.

Auch ohne aufsichtsrechtliche Anforderungen braucht Ihr etwas, um
den DQ-Kriterien Nr. 8 „Auffindbarkeit" und Nr. 9 „Normative Konsistenz" gerecht zu werden.

Eine gepflegte Meta-Datenbank liefert mit der Zeit implizit einen
signifikanten Beitrag zur Datenqualität.

Tabelle 2: Beschreibungselemente eines Informationsobjekts
in einer Meta-Datenbank

Beschreibungselemente eines Informationsobjekts (Dateien, Tabellen, Felder etc.)	Mitwirkung		
	IT	FB	DQ-Team
1 Fachliche Beschreibung (Semantik) Beziehung zum Glossar		▦	
2 Technische Beschreibung Strukturbeschreibung Syntax und Wertebereich …	▦		
3 Herkunftsinformation (inkl. Transformationsregeln) Beziehungen pflegen	▦		
4 Organisatorische Zuordnungen Data Owner IT-Betreuer …	▦		▨
5 Anforderungen an die DQ DQ-Regeln DQ-Prüfpunkt …		▨	▦

Wir investieren bereits sehr viel in die Dokumentation von Systemen. Das meiste, was Du ansprichst, müsste bei uns vorhanden sein.

Das entspricht genau unserer Erfahrung. In den meisten Fällen existieren fachliche und technische Beschreibungen von Daten (Tabellen und Feldern) und können von den Verantwortlichen zur Verfügung gestellt werden. Fakt ist jedoch, dass diese Informationen nicht zentral gebündelt und mit Hinweisen zu fachlichen Glossaren, Transformationsschritten, Verantwortungsbereichen, Herkunftspfaden und DQ-Analyseergebnissen angereichert sind. Dies erschwert den Zugriff und gestaltet ihn höchst zeitaufwändig. Ohne eine Meta-Datenbank sind die Dokumentationspflege von aufsichtsrechtlich relevanten Daten mitsamt ihren Beziehungen untereinander sowie das Auswerten der benötigten Lineages sehr zeit- und kostenintensiv. Ich behaupte sogar, sie sind organisatorisch inpraktikabel und für die Mitarbeiter unzumutbar.

Soweit mir bekannt ist, haben wir in der IT bereits Meta-Datenbanken.

In der Anwendungsentwicklung sind heute einige Meta-Datenbanken (Data Dictionaries) im Einsatz. Diese sind jedoch auf reine IT-Zwecke ausgerichtet und nur von IT-Spezialisten bedienbar. Es ist zu prüfen, inwieweit sie für eine Erweiterung zur Erfüllung obiger Anforderungen geeignet sind.

Alternativ könnten wir eine solche Datenbank doch mit eigenen Bordmitteln programmieren.

Rechne dann bitte mit mindestens 200 PT und 3 Monaten Entwicklungszeit.

Was wäre besonders zu beachten?

Mir fallen sofort vier wesentliche Aspekte ein:

– Schnittstellen zum Import verfügbarer Informationen, um eine erneute Erfassung der Dokumentation (Strukturbeschreibungen von Tabellen, Dateien etc.) zu vermeiden.

– Intuitive Benutzeroberfläche für den Fachbereich.

– Einfache manuelle Pflege von Informationsobjekten, für die keine Import-Schnittstellen existieren (z. B. Transformationsschritte zwischen zwei oder mehreren Dateien).

– Vorhandensein von Automatismen für spätere Aktualisierung von Basisdaten (Strukturbeschreibungen von Tabellen und Dateien).

3.3 Datenqualitäts-Auftragsdatenbank

Eine DQ-Auftragsdatenbank kann später hinzukommen, oder?

Nein, es ist wichtig, sie von Anfang an zu nutzen. Denn ein ausschlaggebender Erfolgsfaktor in einem DQ-Vorhaben ist die Berichtsfähigkeit des DQ-Teams von der ersten Stunde an. Voraussetzung dafür ist eine solche zentrale DQ-Auftragsdatenbank, die vom DQ-Team gepflegt wird. Andere Nutzer dürfen darauf zugreifen und jederzeit den aktuellen Stand von DQ-Aufträgen und DQ-Verbesserungsmaßnahmen ablesen.

Ferner kann der DQ-Manager mit Hilfe der DQ-Auftragsdatenbank Auswertungen zu den häufigsten DQ-Mängeln, Ursachen, Auswirkungen sowie zu Ist- und Restaufwänden u. a. für DQ-Verbesserungsmaßnahmen vornehmen.

Es reicht auch eine Exportschnittstelle nach Excel aus. Dort setzt man alle möglichen Auswertungen mittels Pivot-Verfahren fort.

Wir haben ein Ticketing- bzw. Fehlermeldesystem im Einsatz, reicht das nicht aus?

Daran sollte es nicht scheitern. Wir haben obige Anforderungen bereits in einem Ticketing-System abgebildet und auch als stand alone umgesetzt. Dafür waren nicht mehr als 20 PT notwendig.

Wichtig ist, dass ein solches System von Anfang an verfügbar ist und keine Zeit mit Excel-Erfassungsblättern und Ähnlichem verschwendet wird.

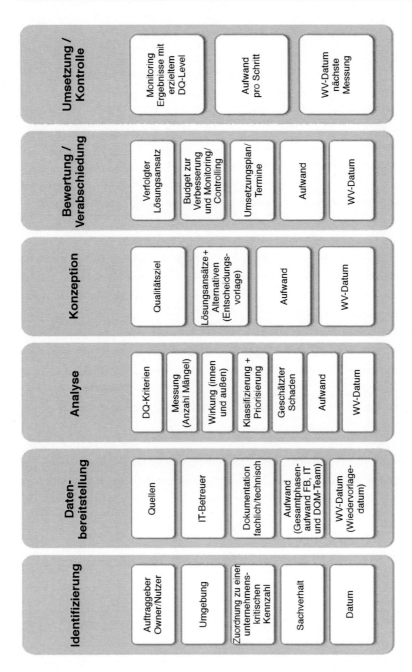

Abbildung 6: Elemente eines DQ-Auftrags in der DQ-Auftragsdatenbank

4 Stolpersteine

4.1 Initiale Hürden

Mir scheinen Deine Ausführungen bis zu diesem Punkt gut verständlich und durchdacht. Warum ist das Thema Datenqualität so schwierig zu vermitteln?

Du hast ja auch viele Verständnisfragen gestellt, die nicht in einem 08/15-Foliensatz unterzubringen sind und einiges an Geduld aufgewendet. Die Erschwernisse, nach denen Du fragst, ergeben sich aus drei wesentlichen Faktoren:

- schwierige organisatorische Zuordnung,
- falsches Verständnis von Datenqualität und
- geringes Problembewusstsein.

4.1.1 Schwierige organisatorische Zuordnung

Datenqualität ist ein Infrastrukturthema, das genau mittig zwischen Fachbereich und IT liegt. Das heißt, es ist nicht eindeutig zuordenbar, kann leicht in den einen oder anderen Zuständigkeitsbereich geschoben werden. Es ist unangenehm, sich auch noch mit dieser Materie beschäftigen zu müssen und ggf. schwierig. Außerdem sorgt DQ nicht unmittelbar für höheren Umsatz und bessere Marktakzeptanz. Wenn ein Unternehmen nicht gerade mit signifikanten DQ-Mängeln zu kämpfen hat und keine regulatorischen Anforderungen nach DQ-Aussagen zu bedienen sind, dann wird das Thema konsequent vertagt.

4.1.2 Falsches Verständnis von Datenqualität

Sobald man sich näher mit der Materie beschäftigt, stellt man fest, dass anscheinend schon einiges an Aktivitäten in Richtung Datenqualität im Gange ist. In Ermangelung besseren Wissens wird leider alles, was mit Daten zu tun hat, kurzfristig unter die Rubrik DQ eingeordnet (unter anderem Datenmodellierung, Datenorganisation, Datendokumentation, ETL-Programmierung und Prozesssicherheit). Die Zusammenstellung einiger Risikokennzahlen in einem DWH wird als DQ-Monitor interpretiert. Einige bekannte Unternehmensberatungen verkaufen DWH-Prozessaudits und DWH-Prozessoptimierung als DQ-Management. Und mir persönlich ist es schon passiert, dass mir ETL- und Job-Steuerungsprotokolle als „DQ-Ergebnisse" angepriesen wurden.

Wenn man das alles so hört, könnte man glauben, dass schon genug getan wird. Warum sollte noch mehr Engagement erforderlich sein?

Bei allen berechtigten oder vermeintlichen Beiträgen zu Datenqualität erscheint mir wesentlich, festzuhalten:

Es gibt kein DQ-System oder DQ-Management ohne DQ-Messungen.

4.1.3   Geringes Problembewusstsein

DQ-Mängel, ihre Auswirkungen und Kosten der Behebung werden bislang nicht systematisch erfasst. Aus diesem Grund ist wenig Problembewusstsein vorhanden. Man verfährt nach der Devise „was ich nicht weiß, macht mich nicht heiß" und stellt dann sogar in Frage, was DQ-Messungen überhaupt bringen sollen. Ganz lapidar: höhere Glaubwürdigkeit, Verlässlichkeit und Vertrauen.

Ich sehe eine Parallele zur Einführung der Büro-Kopiergeräte Mitte des vorigen Jahrhunderts. Nach ihrer Erfindung wurden die ersten Xerox-Verkäufer häufig gefragt, wozu sich ein Unternehmen ein Kopiergerät anschaffen oder mieten sollte. Trotz guter Argumente ließ der Durchbruch ca. 12 Jahre auf sich warten. Heute würde kein Unternehmensgründer auf Kopiergeräte verzichten wollen.

DQ wird in Deutschland etwa seit dem Jahr 2000 thematisiert, also seit gut zehn Jahren. Einige wenige Unternehmen haben die Brisanz erkannt und einen funktionierenden DQ-Betrieb eingerichtet. Wenn die erwähnte Parallele stimmt, müsste der Durchbruch unmittelbar bevorstehen.

Es kann sein, dass Du richtig liegst! Ich wünsche Dir und uns allen, dass der Durchbruch nicht mehr lange auf sich warten lässt. Hilf mir noch etwas, um DQ thematisch besser einzuordnen:

4.2 Thematische Überschneidungen

Wo hat das Thema DQ die stärksten Berührungspunkte mit anderen Organisations-/IT-Themen?

Zwei Berührungspunkte verdienen besondere Aufmerksamkeit:

– Daten-Management bzw. Daten-Organisation und

– ETL-Programmierung

Ersterer erfordert Management Attention. Der zweite kann meist von einem DQ-Manager alleine gehandhabt werden.

4.2.1 Datenqualitäts-Management versus Daten-Management[12]

Mit einer gewissen Oberflächlichkeit wird leider oft davon ausgegangen, dass das Datenqualitäts-Management eine Art besseres „Daten-Management" wäre, und zwar mit einem gehobenen Qualitätslevel. Daten-Organisationskonzepte und -aufgaben werden als gleichbedeutend mit DQ-Organisation und als Must-have-DQ-Aktivitäten hingestellt.

---

[12] Daten-Management hier synonym für Master Data Management, Daten-Organisation und Data Governance verwendet.

Das sind trotz der Namensähnlichkeit zwei grundverschiedene The-
menkreise mit einigen wenigen Überschneidungen. DQ stellt einen
kleinen Teilaspekt des übergeordneten Datenmanagements dar. Jedes
Thema kann jeweils ohne das andere betrieben werden, und es müssen
nicht beide explizit verfolgt werden.

„Daten-Management/Daten-Organisation" beinhaltet als das umfas-
sendere Themengebiet alles, was mit Daten zu tun hat: ihre Konzeption (fachliche und technische Datenmodellierung), Standardisierung
von wesentlichen Informationsinhalten (z.B. Kunden, Produkte, Vertrag, Leistung), Datenzugriff in der Programmierung, Datentransport
(inkl. ETL), Datenaktualisierung und -versionierung, Berechtigungen,
Sicherheit bis hin zu Freigabeverfahren bei Änderungen wichtiger
Steuerungstabelleninhalte und selbstverständlich auch Datenqualität.

Die Einführung eines „Daten-Organisations-Systems" entspricht einer
Reorganisation und ggf. Restrukturierung vieler fachlicher und technischer datenbezogener Aktivitäten und betrifft in hohem Maße die IT-
Organisation. DQ als Randerscheinung innerhalb eines solchen Vorha-
bens würde das Abstimmungs- und Reibungspotential u.U. extrem
verkomplizieren und erschweren. Ist ein „Daten-Organisations-System"
vorhanden, kann DQ später deren Ergebnisse nutzen und sich wesentlich schneller auf die DQ-Messungen konzentrieren.

Gemeinsam ist beiden Ansätzen u.a. die Nutzung einer zentralen
        Meta-Datenbank. Dabei benötigt DQ nur einen Bruchteil
        der Funktionalitäten, die für die Daten-Organisation an-
        zusetzen sind. Auf der organisatorischen Ebene teilen
        sich beide einige Rollenbezeichnungen wie Data Owner
        und Data Stewards als operative Daten-Qualitätsverant-
        wortliche bzw. -stellvertreter.

Differenzen liegen im Wesentlichen in der organisatorischen Zuord-
        nungsmöglichkeit. Ein DQ-Team kann aufgrund seiner
        gleichermaßen erforderlichen fachlichen und techni-

schen Kompetenz sowie seiner anzustrebenden neutralen Stellung innerhalb einer Organisation fast überall angesiedelt werden. Daten-Management/-Organisation fordert hohe IT-Kompetenz und sollte trotz stärkerer Interaktion mit dem Fachbereich organisatorisch im IT-Umfeld verbleiben. Es würde wohl niemand auf die Idee kommen, die Leitung der Daten-Organisation im internen Controlling oder Risikomanagement anzusiedeln.

Wenn ein DQ-Projekt als Erstes gestartet wird, sollte man darauf achten, möglichst wenige Daten-Organisationsaspekte einzubeziehen. Dadurch lässt sich vermeiden, dass sich Daten-Organisation quasi als U-Boot-Projekt in ein DQ-Vorhaben einschleicht. Denn das sorgt für unnötige Reibung, verzögert DQ-Ergebnisse und erschwert insgesamt die Akzeptanz von DQ.

Für DQ-Manager würde ich mir wünschen, dass sie zunächst Erfolg im DQ-Umfeld haben, bevor sie Aufgaben aus der Daten-Organisation an sich ziehen. Eine Vermischung beider Themenbereiche in der Einführungsphase ist kontraproduktiv. Nachweislich erfolgreiche DQ-Manager haben bei der Einrichtung eines Daten-Organisationsbereichs beste Voraussetzungen für eine Leitungsposition.

4.2.2 Datenqualitäts-Tools und ETL-Programmierung

Bei der Anschaffung und Einführung von DQ-Tools kommt es leicht zu Unsicherheiten bei den ETL-Programmierern. Man stellt schnell fest, dass die DQ-Tools einiges leisten, was bisher mühevoll programmiert wurde. Ist jetzt alles anders oder neu zu programmieren? Eigentlich nicht! Manchmal reichen folgende Klarstellungen:

Daten-Prozesssicherheit

Darunter fällt das Sicherstellen, dass eine Datenlieferung vollständig abgearbeitet wird, dass sie nicht mehrfach geladen wird etc. Diese Art der Anforderungen gehört zur ETL-Programmierung und benötigt grundsätzlich keine fachlichen Vorgaben. Es ist keine originäre Aufgabe eines DQ-Werkzeugs. Man sollte das einsetzen, was am wirtschaftlichsten ist und sich am besten bewährt hat.

Datenqualitäts-Regeln

Datenqualitäts-Regeln benötigen fachliche Vorgaben, die innerhalb von DQ-Prüfungsroutinen zur Ausführung kommen. Die entsprechenden Ergebnisse sind in einer zentralen DQ-Ergebnisdatenbank abzulegen. Sie bilden die Basis für die geforderte Visualisierung der DQ-Messungen. Die DQ-Prüfroutinen werden vom DQ-Team zur Verfügung gestellt und von Programmierern in ETL-Prozesse integriert.

Bei der Umsetzung sonstiger Vorgaben zur Datenbereinigung (Data Cleansing) und Datenveredelung (Data Enrichment) etc. haben die Programmierer und ihre Auftraggeber prinzipiell freie Hand, wie und mit welchen Tools sie die Fachbereichsvorgaben am besten realisieren.

4.2.3   Daten-Prozesssicherheit

A propos Daten-Prozesssicherheit, das ist doch etwas, das direkten Einfluss auf die Datenqualität hat. Sag bloß, das DQ-Team hat nichts damit zu tun?

Doch, doch, als Auditor am Ende eines DQ-R-Prozesses (d. h. Daten-Qualität für regulatorische Bedarfe)!

DQ-Prozesssicherheit ist ein sehr wichtiger Aspekt. Spätestens im Zusammenhang mit MaRisk und Solvency II hat sie wieder erhöhte Aufmerksamkeit auf sich gezogen. Denn während des Prozesses der Informationsgewinnung für eine unternehmensrelevante Kennzahl (z. B. entlang des Daten-Abstammungspfads) ist sicherzustellen, dass keine Informationen verloren gehen. Es muss feststehen, wer zuständig ist und welche Verfahren anzuwenden sind, wenn es zu Abbrüchen

im Verarbeitungsprozess kommt. Das kann durchaus bei unzu-
reichender Datenqualität passieren. Die geforderte DQ-Prozesssicherheit wird als eine abschließende Prüfung (Audit inkl. Bericht) verstanden, die vom DQ-Team durchzuführen ist, sobald alle DQ-Aussagen
entlang des Daten-Abstammungspfads einer unternehmensrelevanten
Kennzahl vorliegen.

4.3   Herausforderungen bei der Umsetzung

*Hier noch ein paar letzte Fragen an den Experten: Als Erstes möchte ich
wissen: Welches sind die dicksten bzw. die dünnsten Bretter, die nach
Initialisierung eines DQ-Projekts zu bohren sind?*

Als sehr hartes und dickes Brett stellt sich meist die

> Einführung eines DQ-Controllings zwischen den operativen und
> dispositiven Systemen heraus.

Mittelschwer dürfte am Anfang

> die Zuordnung von Daten zu Data Ownern sein.

Ziemlich harmlos dagegen müsste die Klarstellung sein, dass

> das maschinelle Ergebnis eines Data Profilings noch kein Ergebnis
> einer DQ-Messung ist.

4.3.1   Einführung eines Datenqualitäts-Controllings

Zur Erinnerung: Datenqualitäts-Controlling bedeutet beispielsweise,
dass identifizierte Datensätze mit gravierenden oder verdächtigen DQ-
Mängeln beim Beladen der Daten aussortiert werden. Sie gehen entweder zur Korrektur zurück zum Data Owner oder sie werden geparkt,
bis eine manuelle Prüfung und ggf. Freigabe durch den Data Owner
oder einen Stellvertreter erfolgt. Die korrigierten und freigegebenen
Daten werden mit der nächsten Beladung endgültig verarbeitet.

Beim Beladen von Daten aus Produktionssystemen, wie etwa in einem DWH, treffen wir gelegentlich auf DQ-Monitoring-Routinen. Das heißt, Datensätze mit verdächtigen und ausgewiesenen DQ-Mängeln werden bei der Beladung zwar identifiziert und markiert, aber die Daten werden weiter prozessiert, als ob alles in Ordnung wäre. Die markierten Daten werden ggf. im DWH nachträglich geprüft und korrigiert.

Eines der Argumente für diese Vorgehensweise ist, dass die entdeckten Mängel nur wenige Nutzer tangieren und die anderen Nutzer nicht auf Korrekturen warten können. Ein anderes Argument ist das knapp bemessene Zeitfenster (Performance) beim Beladen der Daten, das keinen Raum für Unterbrechungen lässt. Man verfährt sehr oft archaisch nach dem Alles-oder-nichts-Prinzip. Entweder entdeckt man einen Mangel und verwirft die gesamte Datenlieferung oder es gibt keine entdeckten kritischen Mängel und alles wird verarbeitet. Dieses Verfahren hat Tradition und ist tief in den Köpfen vieler Mitarbeiter verankert.

Wie schade, denn wir wissen aus Erhebungen, dass der Zeitaufwand für Korrekturen der Eingangsdaten erheblich geringer ist als zu einem späteren Zeitpunkt und nach vielen Verarbeitungsstationen. Die benötigten Korrekturzeiten potenzieren sich, wenn Datenmängel erst bei oder nach der Veröffentlichung zu Tage treten. Im ersten Fall handelt es sich um einen Zeitaufwand im Minutenbereich (1–3 Minuten), im zweiten Fall sind wir mit einem Aufwand von mehreren Tagen konfrontiert (40 PT sind keine Seltenheit) (siehe Tabelle 3).

Verfahren zur nachträglichen Korrektur „fachlicher Datenfehler" im DWH-Umfeld sind ebenfalls nicht trivial und erfordern Kompromisse in der Handhabung.

Ein stures Festhalten an obiger Tradition macht einen Großteil des Nutzens von DQM zunichte. Es bleibt zu hoffen, dass erkannt wird,

Tabelle 3: Aufwand zur Wiederherstellung der Datenkonsistenz auf allen Ebenen

Produktionsstufe, auf der ein Fehler entdeckt wird		Datenmängel Behebungsaufwand	
		Erhöhungsfaktor	Erfahrungswerte
Auswertungs-Layer	Front-Ends-Reports		≈ 24 PT 10–40 PT
		×10	
	Data Marts	↑	
			ca. 4,5 PT
Business Layer	Datenaufbereitung		
		×10	
Intelligence Layer	Data Warehouse	↑	2–5 Std.
		×10	
Data Layer / Staging Area	Integration	↑	10–30 Min.
	Datenbereinigung und -transformation		
		×10	
Quellsysteme	Produktionsdaten, externe Daten	↑	1–3 Min.

dass die Implementierung eines DQ-Controllings heute weniger aufwändig vonstattengeht als in vergangenen Jahren. Einige dafür notwendige Funktionen, z. B. Benachrichtigen, Parken und Freigeben von Daten, werden von den neuen DQ-Tools angeboten und müssen nicht mehr neu programmiert werden.

Es würde sich lohnen, noch eine Reihe organisatorischer und technischer Möglichkeiten zu überdenken. Eine konstruktive Zusammenarbeit zwischen DQ-Team, ETL-Programmierer, Data Owner und ausgewählten Data Usern wäre für alle Beteiligten von größtem Nutzen.

4.3.2   Zuordnung der Daten zum Data Owner

Auch wenn es in einem Unternehmen bereits eine klare Zuordnung zwischen Anwendungen und „fachlichen Verantwortlichen" gibt, bleibt die Zuordnung von Data Ownern zu manchen Datenbereichen schwierig.

Ist diese Zuordnung denn so wichtig, dass man sich dafür die Köpfe heiß laufen lassen muss?

Ja, es ist wichtig zu wissen, wer die Verantwortung trägt und letztlich bestimmt, ob Auffälligkeiten in Daten fachlich relevant sind oder nicht. Der Datenverantwortliche entscheidet auch, ob und wann DQ-Verbesserungsmaßnahmen ergriffen werden. Der Data Owner bestimmt somit entscheidend den Qualitätslevel seiner Daten.

Ohne dieses lösbare Thema hier in aller Ausführlichkeit zu vertiefen, drei hilfreiche Hinweise am Rande:

– Data Owner werden identifiziert und nicht nominiert,

– es gibt immer einen Data Owner und

– Data User werden zu Data Ownern, wenn sie Daten von anderen übernehmen und weitergeben.

Wem gehören die Daten in der Eingangsschicht eines DWH, auf die viele Abnehmer angewiesen sind?

Wenn es keinen namentlich bekannten „Besitzer" für die aufnehmenden Datentöpfe gibt, übernimmt der leitende Dienstleister, der die Datenbereitstellung im DWH verantwortet, gegenüber den Abnehmern automatisch die Rolle des Data Owners. Scherzhaft könnte man ihn als Data Dealer bezeichnen. Es wäre zu begrüßen, wenn er seine Daten mit einem „DQ-Prüfsiegel" versehen könnte, das den Abnehmern Aufschluss über deren Qualitätslevel gibt. So dass sie wissen, worauf die Daten geprüft und für gut befunden wurden.

4.3.3 Falsches Verständnis von Data Profiling

Data Profiling ist noch keine DQ-Messung. Es liefert zunächst einen Wust an statistischen Zahlen über Daten. Immer, wenn solche Zahlenberge vorliegen, müssen sie analysiert, interpretiert und bewertet werden. Das erfordert manuelles Eingreifen und Zeit. Erst aus der Bewertung der Analyse zusammen mit dem Data Owner und ggf. den Data Usern ergibt sich das weitere Vorgehen. Wenn sich die Daten-Auffälligkeiten als nicht DQ-relevant erweisen, ist eine DQ-Messung überflüssig. Nur in diesem Fall wird der Analysebericht aus dem Data Profiling inkl. der Bewertung durch den DQ-Spezialisten den Ergebnissen einer DQ-Messung gleichgesetzt.

Ergebnisse einer DQ-Messung sind eindeutig, bedürfen keiner weiteren Interpretation und enthalten eine unmissverständliche Bewertung. Erinnern wir uns: Data Profiling wird eingesetzt, um Daten erstmalig kennenzulernen und aus diesem Kennenlernen DQ-Regeln abzuleiten, die dann im Verlauf von DQ-Messungen gezielt ausgewertet werden.

Wenn die Hersteller von Data Profiling Tools die Integrationsmöglichkeit des Data Profilings in ETL-Programme anpreisen, schlagen bei mir alle Alarmglocken. Es ist nicht sinnvoll, jeden Datentransfer oder jede Datenbeladung einem Data Profiling (d. h. einem wieder und wieder stattfindenden Kennenlernen) zu unterziehen. Sollte das Profiling Tool die Auswertung individueller DQ-Regeln nicht unterstützen, heißt das nur, dass man nicht weiß, wonach zu suchen ist bzw. welche Qualitätskriterien anzuwenden sind. Der Nutzen solcher „Alzheimer-Routinen" erschließt sich mir nicht!

Ich fand Deine letzten Hinweise sehr interessant! Das erlaubt mir, manche Ausführungen der DQ-Spezialisten besser zu verstehen und zur gegebenen Zeit ein paar Insiderfragen zu stellen.

5   Erfolgsfaktoren

Welches sind denn nun die wesentlichen Faktoren für die erfolgreiche Einführung eines DQ-Betriebs?

Die wichtigsten Erfolgsfaktoren bei der Einführung eines DQ-Systems hängen unmittelbar mit dem DQ-Team zusammen.

Konzeptionsstärke und Prozesskompetenz

sollten im DQ-Team in hoher Ausprägung vorhanden sein. In einem ersten Schritt sind die Prozesse, die das DQ-Team unterstützt, abzubilden und abzustimmen. Zusammen mit den wichtigsten Definitionen gehen sie in eine erste Version eines DQ-Organisationshandbuchs ein.

DQ-Organisationshandbuch

Es beschreibt den Rahmen für ein Zusammenarbeitsmodell aller Beteiligten und ist damit ein wichtiger Baustein der Kommunikationsstrategie des DQ-Teams. Der schnelle Entwurf einer ersten Version des Handbuchs ist überaus empfehlenswert, damit alle Beteiligten über das geplante Vorgehen im Bilde sind.

DQ-Kompetenzen

Jedes Mitglied eines DQ-Teams verfügt über einen Mindestlevel an DQ-Kompetenz und ist in der Lage, selbständig DQ-Prüfaufträge abzuarbeiten. Aufgabendifferenzierungen erfolgen erst nach erwiesener DQ-Kompetenz. Andernfalls wird die Kommunikation innerhalb des Teams unnötig erschwert. Ferner ist zu vermeiden, dass historische Grabenkämpfe zwischen Fachbereich und IT ins Team getragen werden.

Fulltime-Mitarbeiter im DQ-Team

Angesichts der neuen und komplexen Aufgaben im DQ-Team ist es
äußerst unproduktiv, noch nicht eingearbeitete DQ-Mitarbeiter
gleichzeitig mit Aufgaben außerhalb des DQ-Teams zu betrauen. In
der Regel leidet sowohl das DQ-Projekt als auch der Mitarbeiter
darunter. DQ-Teammitglieder sollten mindestens 12 bis 18 Monate
als Fulltime-DQ-Spezialisten tätig sein.

Schnell zu DQ-Messungen

Je schneller man zu DQ-Messungen kommt und sich mit konkre-
ten DQ-Ergebnissen befasst, desto sicherer und professioneller
wird das Agieren der DQ-Teammitglieder.

Schnell zu DQ-Dashboards

Mit der Präsentation der DQ-Messergebnisse in Form eines DQ-
Dashboards für Dateien oder Tabellen wächst die Akzeptanz der
Data Owner. DQ-Dashboards auf Anwendungs- und Bereichsebene
sollten, wie bereits erwähnt, erst viel später in Angriff genommen
werden.

Fokussierung der DQ-Prüfungen

Zunächst ist eine Fokussierung auf die Informationsgewinnungs-
pfade der wichtigsten Unternehmenskennzahlen und auf DQ-Prob-
lemfälle ratsam.

Ergebnisorientierung, Pragmatismus und Geduld

Rom wurde nicht an einem Tag erbaut. Übersichtliche und sachli-
che DQ-Reports sowie ein beständiges Augenmerk auf betriebs-
wirtschaftliche Erfordernisse sind die letzten Erfolgsfaktoren, die
ich anführen möchte. Als generelle Devise könnte man ausgeben:
Keep it simple!

6   Ausblick

Danke! Obwohl ich die vielen neuen Ideen und Eindrücke noch etwas konsolidieren muss, würde mich interessieren, was als Nächstes kommt, wenn wir mit DQ fertig sind.

Sorry, die Glaskugel habe ich heute Morgen nicht eingepackt. Wenn ich mich aber prophetisch betätigen soll, kann ich mir vorstellen, dass die künftige Weiterentwicklung Folgendes hervorbringen wird:

DQ-Leitstände

> mit Übersichten über das DQ-Netz, mit DQ-Monitoring, DQ-Controlling, DQ-Alerts und vernünftigen DQ-Performancezeiten. Ich schätze, dass die zunehmende Komplexität der Datenlandschaften und die bestehende Gefahr, den Daten nicht mehr hinreichend vertrauen zu können, solche DQ-Leitstände erforderlich machen. Für wichtige Dokumente/Auswertungen werden wir

DQ-Siegel

> haben, die in Anlehnung an TÜV-Plaketten einen überprüften Sicherheits- oder Vertrauenslevel garantieren. Ferner bin ich der Überzeugung, dass im Rahmen von Qualitätsoffensiven und Prozessoptimierungen

DQ-Indizes als Prozess-Performance-Indikatoren

> entwickelt werden, die für die DQ-gemäße Handhabung von Daten in Prozessen und Teil-Prozessen stehen. Ihre Bedeutsamkeit wird im Laufe der Zeit zunehmen.

DQ-Prüfroutinen als Single Source im Unternehmen

> Zu guter Letzt könnte ich mir vorstellen, dass es irgendwann zu Synergien zwischen Datenqualität, Datenorganisation und Anwen-

dungsentwicklung kommt. Das wäre etwa der Fall, wenn einmal festgelegte DQ-Merkmale für bestimmte Daten (wie Kunden, Interessenten, Produkt, Vertrag etc.) als DQ-Prüfroutine zentral abgelegt sind (Single Source). Jeder Programmierer, der mit Erfassung, Pflege und Transport solcher Daten betraut ist, bindet die zentrale DQ-Prüfroutine adäquat in sein Programm ein. Ich prognostiziere, dass sich das positiv auf viele Entwicklungsschritte auswirkt. Und sei versichert, das ist nicht nur eine Träumerei. Einige DQ-Hersteller präsentieren bereits heute vereinzelt solche SOA[13]-basierten Lösungen. Aber wie wir beide aus Erfahrung wissen, egal wie gut diese Dinge auch sein mögen, alles braucht seine Zeit!

---

[13] SOA = Software Oriented Architecture, Softwarearchitekturkonzept.

Epilog

Der Vorstand kann die Thematik Datenqualität nun wesentlich besser einordnen und will seinen Kollegen in der Unternehmensleitung nahelegen, sie nicht weiter auf die lange Bank zu schieben.

Er wird eine Vorstudie empfehlen, bei der untersucht werden soll, welche Vorkehrungen zu treffen sind, um kurzfristig einen geregelten DQ-Betrieb zu installieren.

Zwar glaubt er nicht, dass es in seinem Unternehmen große DQ-Mängel aufgedeckt werden, aber er möchte es jetzt wissen, zumal es auch gilt, die Aufsichtsbehörden, Anleger und Kunden zufriedenzustellen.

Über den Autor

Guilherme Morbey, Jahrgang 1956, ging nach seinem Studium der Informatik zunächst zu IBM. Dort wurde bald sein Talent als Berater erkannt und genutzt. Später leitete er bei einer namhaften deutschen Unternehmensberatung erfolgreich mehrere komplexe Projekte für Großkunden. Seit 1998 ist er als Inhaber von Morbey Consulting hauptsächlich für Finanzdienstleister tätig.

Einer seiner thematischen Schwerpunkte ist seit 2003 die Einführung von Datenqualitätsmanagement-Systemen.

E-Mail: guilherme@morbey.de

www.morbey.de

SUCHEN IST WOANDERS.

Wählen Sie aus dem umfassenden und aktuellen Fachprogramm und sparen Sie dabei wertvolle Zeit.

Sie suchen eine Lösung für ein fachliches Problem? Warum im Labyrinth der 1000 Möglichkeiten herumirren? Profitieren Sie von der geballten Kompetenz des führenden Wirtschaftsverlages und sparen Sie Zeit! Leseproben und Autoreninformationen erleichtern Ihnen die richtige Entscheidung. Bestellen Sie direkt und ohne Umwege bei uns. Willkommen bei **gabler.de**

www.gabler.de

Kompetenz in Sachen Wirtschaft

GABLER